*homolaicus.com*

Edizione 2018
Proprietà riservata

ENRICO GALAVOTTI

# SIAE CONTRO HOMOLAICUS

**Per il diritto a una cultura libera, gratuita e pubblica**

Ritengo che sia una cosa degradante premiare gli sforzi intellettuali,
e che lo sia ancora di più se si intromettono società e accademie,
o addirittura re e imperatori.

Michael Faraday
(1791-1867)

Nato a Milano nel 1954, laureatosi a Bologna in Filosofia nel 1977, già docente di storia e filosofia, Enrico Galavotti si è interessato per tutta la vita a due principali argomenti:
*Umanesimo Laico* e *Socialismo Democratico*, che ha trattato nei siti homolaicus.com, socialismo.info e quartaricerca.it.
Ha già pubblicato *Pescatori di favole. Le mistificazioni nel vangelo di Marco*, ed. Limina Mentis; *Contro Luca. Moralismo e opportunismo nel terzo vangelo*, ed. Amazon.it; *Amo Giovanni*, ed. Bibliotheka; *Io, Gorbaciov e la Cina*, ed. Diderotiana.
Per contattarlo info@homolaicus.com o info@quartaricerca.it o info@socialismo.info
Sue pubblicazioni su Lulu.com e Amazon.it

# Premessa

I testi qui raccolti documentano la battaglia del sito Homolaicus contro l'intenzione della Siae di fargli pagare i diritti d'autore per l'utilizzo non autorizzato di immagini protette in ipertesti didattico-culturali.

La vicenda è iniziata con una raccomandata inviata dall'Ufficio Arti Figurative della Siae di Roma il 10 gennaio 2007.

S'è risolta, circa un anno dopo, con un nulla di fatto, anche se, in seguito alle interrogazioni parlamentari, è stata modificata la legge sul diritto d'autore. In particolare è stato introdotto, con la L. 9 gennaio 2008, n. 2 (pubblicata nella "Gazzetta Ufficiale" del 25 gennaio 2008)[1], il comma 1-bis all'art. 70: "È consentita la libera pubblicazione attraverso la rete Internet, a titolo gratuito, di immagini e musiche a bassa risoluzione o degradate, per uso didattico o scientifico e solo nel caso in cui tale utilizzo non sia a scopo di lucro. Con decreto del Ministro per i beni e le attività culturali, sentiti il Ministro della pubblica istruzione e il Ministro dell'università e della ricerca, previo parere delle Commissioni parlamentari competenti, sono definiti i limiti all'uso didattico o scientifico di cui al presente comma".

Poiché i suddetti "limiti" non sono stati affatto chiaramente "definiti", in quanto mancano ancora i decreti applicativi di quella modifica, gli ipertesti "incriminati" continuano ad avere, a tutt'oggi (2014), al posto delle immagini protette dal diritto d'autore, il tag html detto "iframe" che le rende visibili previo collegamento ad altri siti. Per giustificare questa anomala impaginazione si è messo in calce il seguente avviso: "Poiché la Siae contrappone il diritto d'autore al diritto alla cultura libera, gratuita e pubblica, e in attesa di una modifica sostanziale alla legge n. 633/1941[2], ci si vede costretti a usare un artificio tecnico, visibile nel sorgente di queste pagine, per permettere al visitatore di guardare immagini non appartenenti a questo sito ma direttamente linkate ai siti che le mettono a

---

[1] L'articolo che ha modificato il diritto d'autore nel web può essere letto qui: www.altalex.com/index.php?idnot=40036.

[2] La legge può essere letta qui www.interlex.it/testi/l41_633.htm, dove, in contraddizione con lo spirito della battaglia che ha portato alla formulazione del comma 1-bis, appare, a chiare lettere, questo avviso minaccioso: NOTA SUL COPYRIGHT. L'elaborazione ipertestuale è protetta dal diritto d'autore. Sarà perseguita ogni riproduzione non autorizzata. © InterLex 2001-2009. Anche un semplice link interno alla pagina html può essere perseguito penalmente e civilmente!

disposizione. Di ogni eventuale disfunzione, ovviamente non imputabile al curatore di questo ipertesto, ci scusiamo in anticipo. Naturalmente saremo grati a chi, in maniera gratuita e in ottemperanza alle leggi sul copyright, vorrà metterci a disposizione immagini relative a..." (e qui riporto il nome dell'artista, tra quelli citati nella raccomandata della Siae, che l'ipertesto ha preso in esame).

# Le raccomandate

**10/01/2007**

Società Italiana degli Autori ed Editori (S.I.A.E.) Direzione Generale, 00144 Roma Viale Della Letteratura N. 30 (EUR)
Codice Fiscale 01336610587 Partita I.V.A. 00987061009
Sezione O.L.A.F. Ufficio Arti figurative
Tel. 06.5990614 - Fax 06.5990012
Editore: Galavotti Enrico
Oggetto: Arti visive su Sito Internet www.homolaicus.com artisti vari per un totale di n. 74 opere, per il periodo agosto 2002 / gennaio 2007.

Abbiamo rilevato all'interno del Vostro interessante sito la riproduzione di opere dell'arte figurativa protette in base alla legge italiana sul diritto d'autore (Legge 22/4/1941, n. 633) in quanto create da artisti viventi o scomparsi da meno di 70 anni.

Alcune di tali opere appartengono al repertorio delle arti visive affidato alla tutela della Siae e non risulta per il loro utilizzo sulla rete Internet essere stata richiesta alla nostra Società alcuna autorizzazione.

Vi informiamo che l'utilizzazione, anche parziale, di un'opera costituisce lesione del diritto morale dell'autore e che la riproduzione non autorizzata delle opere in questione lede gli esclusivi diritti patrimoniali che la legge riconosce agli stessi.

Avverso detta utilizzazione la legge concede all'autore ed ai suoi aventi causa il diritto di far valere le proprie ragioni sia in sede penale che civile.

Al fine, quindi, di regolarizzare, seppure a posteriori, le utilizzazioni effettuate da agosto 2002 fino ad oggi, Vi invitiamo a provvedere alla corresponsione dei diritti d'autore dovuti come da dettaglio accluso.

Precisiamo che l'ammontare dei diritti è stato commisurato d'ufficio secondo i tariffari in vigore fino al 31.12.2003, dal 01.01.2004 e dal 01.06.2006 (cfr. 7.2 e C I tabelle allegate).

Facciamo presente che, anche se trattasi di utilizzazione posta in essere senza aver richiesto e regolarmente ottenuto la preventiva autorizzazione S.I.A.E., questi uffici eccezionalmente non hanno applicato a titolo di penale le previste maggiorazioni dei diritti stessi.

A seguito di detto pagamento saranno quindi definite le Vostre debenze nei confronti della scrivente Società per le utilizzazioni effettuate nel suddetto periodo.

Informiamo infine che per eventuali utilizzazioni future i responsabili del sito in questione dovranno richiedere la preventiva autorizzazione a questa Sezione e, nelle more, Vi diffidiamo a continuare nell'utilizzazione illecita di opere tutelate dalla S.I.A.E.

N.B. Si è inoltre accertato che nella sezione del sito dedicata all'artista Pablo Picasso è stata utilizzata un'opera del medesimo (un autoritratto) scomposta in tessere di un puzzle virtuale, al fine di offrire un gioco per intrattenere i visitatori del sito. Indipendentemente da eventuali azioni che gli aventi diritto dell'artista decideranno o meno di intraprendere a tutela del diritto morale, si invita ad eliminare prontamente dal sito il puzzle in questione e si fa riserva di quantificare separatamente l'ammontare dei diritti dovuti a titolo risarcitorio, ove gli eredi Picasso optino per una tale soluzione.

In attesa di gradito e pronto riscontro vi porgiamo distinti saluti.

| Autore | Titolo | Euro |
|---|---|---|
| Balla Giacomo | Numero Opere 1 | 53,38 |
| Braque Georges | Numero Opere 2 | 106,76 |
| Cangiullo Francesco | Numero Opere 1 | 53,38 |
| Carra Carlo | Numero Opere 2 | 106,76 |
| Kandinsky Wassily | Numero Opere 27 | 1.441,21 |
| Klee Paul | Numero Opere 33 | 1.761,47 |
| Marinetti F. Tommaso | Numero Opere 1 | 53,38 |
| Matisse Henri | Numero Opere 2 | 106,76 |
| Picasso Pablo | Numero Opere 3 | 160,14 |
| Severini Gino | Numero Opere 2 | 106,76 |

Totale (Euro) 3.950,00 + 20% IVA = Totale (Euro) 4.740,00

**14/02/2007**[3]

Fra le opere tutelate la Legge 22.4.194 n. 633 considera, espressamente, ex art. 2 n. 4 L. 633/41: "le opere della scultura, della pittura, dell'arte, del disegno, della incisione e delle arti figurative similari, compresa la scenografia...".

---

[3] Questa raccomandata è stata spedita da un'avvocatessa della Siae.

Ai sensi dell'art. 12 della L. 633/41 è riservato all'autore dell'opera dell'ingegno: "diritto esclusivo di utilizzare economicamente l'opera in ogni forma e modo, originate o derivato, nei limiti fissati da questa legge, ed in particolare con l'esercizio dei diritti esclusivi indicati negli articoli seguenti". Il legislatore ha dunque riservato all'autore ogni attività che astrattamente possa essere lucrativa, indipendentemente dal fatto che l'uso o lo sfruttamento dell'opera procuri, nella fattispecie concreta, un vantaggio economico diretto.

L'art. 13 L. 633/41 definisce il diritto esclusivo di riproduzione come quello che ha per oggetto: "Il diritto esclusivo di riprodurre ha per oggetto la moltiplicazione in copie diretta o indiretta, temporanea o permanente, in tutto o in parte dell'opera, in qualunque modo o forma, come la copiatura a mano, la stampa, la litografia, l'incisione, la fotografia... ed ogni altro procedimento di riproduzione".

Il legislatore italiano, novellando detta disposizione di legge con il D. L.vo 9.4.2003 n. 68 (attuativo della direttiva CE 01/29), ha configurato la violazione del diritto esclusivo di riproduzione anche qualora la riproduzione dell'opera sia: solo parziale ("in tutto o in parte"); avvenga in forma digitale attraverso la visualizzazione ("temporanea o permanente". v. anche Auteri, "Internet ed il contenuto del diritto di autore", in AIDA, 1996, pag. 83; Ricolfi, "Internet e la libere utilizzazioni", in AIDA, 1996, pag. 115) o sia effettuata indirettamente.

Si è infatti riconosciuto che già la digitalizzazione di un'opera costituisce una forma di utilizzazione della stessa, sia in forma di traduzione che di riproduzione, così come vengono considerate atti di riproduzione l'uploading ed il downloading. (v. da ultimo Trib, Catania 25-29 giugno 2004 n. 2286: "i file contenenti testi scritti - o di qualunque altra opera dell'ingegno, sia essa musicale, fotografica o dell'arte figurativa, n.d.r. -, rinvenibili nella rete telematica in veste elettronica godono senza dubbio della medesima protezione e tutela delle opere letterarie tradizionali *in cui sono sempre convertibili*,[4] trattandosi comunque di attività intellettuale dell'uomo a prescindere dalla natura del supporto veicolare dell'espressione artistica e del giudizio di valore sull'apporto artistico").

Il diritto di riproduzione è, in particolare, riconosciuto per le opere di pittura, i cui originali esistono in esemplare unico e la cui riproduzione costituisce il principale, se non l'unico, modo di esplicazione del diritto patrimoniale di autore.

---

[4] La sottolineatura è nostra. Infatti sarà proprio su questa pretesa "riconvertibilità" che la controversia Siae-Homolaicus comporterà la revisione della legge sul diritto d'autore.

Le opere appartenenti alla cosiddetta "arte figurativa" si caratterizzano, infatti, per la "materializzazione", in quanto la creazione intellettuale si immedesima nella materia, essendo l'opera direttamente espressa in figure (v. per tutti M. Fabiani, *Diritto d'Autore e diritti degli artisti, interpreti ed esecutori*, 2004, pp. 72 ss.).

Il legislatore, al fine dunque di tutelare la individualità dell'opera nella estrinsecazione materiale originale - nella fattispecie delle opere figurative costituita da un unicum irripetibile - ha voluto dunque proteggere l'utilizzazione economica che può effettuare l'autore. Il criterio di valutazione dell'esistenza o meno della riproduzione è quello di "qualunque altro tipo di moltiplicazione dell'opera in grado di inserirsi sul mercato della riproduzione" (Cass, sent. 11343 del 12.7.96).

La Suprema Corte di Cassazione nella sentenza innanzi citata, confermando la *voluntas legis*, così come brevemente sopra esposta, ha statuito infatti che l'art. 13 L. 633/41 stabilisce che: "oggetto del diritto esclusivo di riprodurre l'opera è la moltiplicazione della stessa con ogni mezzo, come la copiatura a mano, la stampa, la litografica, l'incisione, la fotografia ed altro "e che non è vietata solo la moltiplicazione di copie fisicamente identiche ("in quanto ripetenti tutte le sue dimensioni nello spazio, così da moltiplicare, se possibile, lo stesso messaggio estetico"), ma anche qualunque tipo di riproduzione in grado di inserirsi nel mercato della riproduzione. La Corte di legittimità ha, infine, specificato che la riproduzione, seppur in scala ridotta rispetto all'originale dell'opera d'arte figurativa, è pur sempre lesiva del diritto d'autore che spetta all'artista avente diritto.

La legge attribuisce all'autore il diritto esclusivo di utilizzare economicamente l'opera in ogni forma e modo originale o derivato (art. 12 Legge 633/41). Viene, cioè, riservata, al titolare del diritto d'autore ogni utilizzazione che abbia una rilevanza economica e che possa incidere sulle probabilità di guadagno dell'autore.

È principio consolidato sia in dottrina (Ascarelli p. 732; Greco-Vercellone, *Il diritto d'autore*, Jarach *Manuale del diritto d'autore*) che in giurisprudenza (*ex plurimis* Cass. 12507/1992; Trib. Milano 4.6.1998, in AIDA, 98, p. 571; C. App. Genova 7.12.1994; Trib. Venezia 19.1.60, in "Foro pad.") quello secondo il quale l'esclusiva comprende ogni attività che astrattamente possa essere lucrativa e, con ciò, indipendentemente dal fatto che l'uso o lo sfruttamento dell'opera procuri un vantaggio economico diretto.

Il legislatore, attribuendo all'autore il diritto esclusivo di utilizzare economicamente l'opera, vuole infatti riservargli non solo ogni utilità economica che possa derivare dallo sfruttamento della stessa, costituendo questa il prodotto della sua attività di creazione quale "particolare espressione del lavoro intellettuale" (art. 6 L. 633/ 41 e art. 2576 c.c.), ma anche l'esercizio di un potere di controllo sul mercato dell'opera. Rientrano, quindi, nel diritto riservato all'autore tutte le utilizzazioni dell'opera che possano incidere sulle probabilità di guadagno dell'autore o dei suoi eredi.

L'eccezione al diritto esclusivo di riproduzione di cui all'art. 70 L. 633/41 è da interpretarsi, secondo la dottrina e la giurisprudenza dominanti, restrittivamente e rigorosamente.

Considerato, inoltre, che la norma, testualmente, liberalizza "il riassunto, la citazione o la riproduzione di brani o parti di opere", l'art. 70 L. 633/41 non trova applicazione in ipotesi di riproduzione integrale dell'opera citata.

La conseguenza di tale impostazione è l'esclusione a priori dell'applicabilità dell'art. 70 L. 633/41 ad alcune categorie di opere dell'ingegno (tipicamente quelle dell'arte figurativa), per le quali la citazione necessariamente comporta la riproduzione integrale dell'opera (v. Cass, 96/11343; Cass. 92/412; Trib. Milano 10.2.2000 etc.).

Il fondamento della privativa autorale, dunque, è da ricondursi ad interessi analoghi a quelli su cui si fonda il riconoscimento costituzionale del diritto di proprietà (artt. 35, 42 Cost.) ed esigenze di tutela del lavoro giustificano le norme (v. art. 6 L. 633/41), che attribuiscono al creatore dell'opera dell'ingegno la titolarità dei diritti patrimoniali di autore. Le esigenze di tutela del lavoro giustificano, pertanto, la previsione di compensi spettanti agli autori a fronte di determinate utilizzazioni delle loro opere. Questi compensi garantiscono, infatti, agli autori una remunerazione proporzionata all'intensità di sfruttamento del loro lavoro nel tendenziale rispetto, tra l'altro, dell'art. 36 Cost.

La quantificazione della somma dovuta a titolo di diritto patrimoniale d'autore viene effettuata dall'autore (nel caso in cui non abbia affidato l'intermediazione dell'opera alla S.I.A.E.) o dalla base associativa che compone la Società degli Autori.

L'Ente, infatti, in ossequio al ruolo istituzionale svolto ed alla natura del diritto esclusivo intermediato, quantifica (attraverso il meccanismo della espressione rappresentativa interna della base associativa) gli importi dovuti per diritto d'autore.

La determinazione del diritto d'autore, tenuto conto del "genere" di opera dell'ingegno (arte figurativa), avviene secondo criteri molto semplici, che tengono conto, in principalità, della "tipologia" della riproduzione (es. su cartolina, su di un catalogo, su di un quotidiano a pagina intera oppure in dimensioni ridotte, on line su sito commerciale, non commerciale, etc.).

I criteri in base ai quali si determina il *quantum* dovuto per la riproduzione delle opere tutelate vengono resi noti attraverso la pubblicazione di un apposito opuscolo e, oggi, sono consultabili anche accedendo al sito istituzionale dell'Ente.

Fermo quanto sopra esposto, tenuto altresì conto che le opere riprodotte sul sito Internet www.homolaicus.com nel periodo agosto 2002/gennaio 2007 risultano essere tutelate dalla Siae e che, a quanto consta, nessuno degli autori di dette opere ha rilasciato al Prof. Galavotti l'autorizzazione alla riproduzione ed alla diffusione, l'Ente, nel rispetto del ruolo istituzionale svolto, non può rilasciare l'autorizzazione al ripristino delle immagini rimosse dal sito.

Pertanto La invito fermamente al rispetto della normativa posta a tutela di un diritto costituzionalmente garantito, qual è il diritto d'autore, la cui violazione integra un illecito penale ai sensi degli art. 171 ss. L. 633/41.

### 13/03/2007[5]

Per riproduzione dell'opera dell'ingegno deve intendersi qualunque processo, in qualsiasi forma attuato, di moltiplicazione in copie dell'originale che costituisca una replica dello stesso, anche nel caso in cui si tratti di duplicazioni approssimative nei limiti in cui consentano, comunque, di riconoscere l'originale da cui sono tratte e permettano "la percezione visiva dell'opera non importa se incompleta e travisata" (*ex multis* Trib. Verona, 13.12.1989, in Riv. Dir. Aut. 1990, pag. 397; C. Appello Roma, 23.12.1992, in Riv. Dir. Aut. 1994, pag. 446; Trib. Venezia, 19.1.1960, in Foro Pad. 1960). Risulta essere pertanto del tutto destituita di fondamento la tesi secondo la quale "la copia di un dipinto originale può essere soltanto un altro dipinto".

Fermo il chiaro disposto di legge, prima ancora della modifica introdotta con D. L.vo 95/2001 all'art. 13 L. 633/41 (ricordo che il legislatore riconosce oggi all'autore il diritto esclusivo di riproduzione: "... diretta e indiretta... temporanea e permanente..."), la dottrina aveva provveduto ad esaminare e ad inquadrare tra le esclusive garantite dalla legge all'autore, l'utilizzazione dell'opera dell'ingegno a mezzo Internet. In merito ricordo, oltre all'autore da me in precedenza citato, ex plurimis il pre-

---

[5] Anche questa raccomandata è stata spedita dalla medesima avvocatessa della Siae.

zioso contributo dei seguenti autori: Prof. Auteri, "Internet e il contenuto del diritto d'autore", in AIDA, 1996, pag. 86 ss; Ricciuto, "Internet, l'opera multimediale e il contenuto dei diritti connessi", in AIDA, 1996, pag. 109; Gatti, "L'opera dell'arte figurativa in un unico esemplare tra diritto di proprietà e diritto d'autore", in Riv. Dir. Comm., 1999, pag. 1613. Conseguentemente la S.I.A.E., già nel 1998 aveva provveduto a redigere e a mettere a disposizione degli utilizzatori una "Licenza per le utilizzazioni on-line", al fine di consentire agli operatori del settore, alla luce del superiore principio *ignorantia legis non excusat*, di assolvere il diritto d'autore.

Il caricamento di una fotografia dell'arte figurativa nella memoria di un computer, eventualmente collegato alla rete, sia in via permanente nell'hard disk che in via transitoria nella memoria RAM (ricordo che anche tale forma di riproduzione effimera è soggetta al relativo diritto esclusivo ai sensi degli artt. 13, 64 bis, 64 quinquies e 64 sexies L. 633/41) costituisce dunque una riproduzione che, in quanto tale, è riservata all'autore dell'opera dell'ingegno.

La giurisprudenza ha ripetutamente ed espressamente affermato che "lo scopo culturale non è considerato dalla legge italiana come esimente dal dovere di rispettare i diritti economici dell'autore" (C. Appello Milano 25.2.1997, in Riv. Dir. Aut. 1997, pag. 346).

L'esimente contenuta nell'art. 70 L. 633/41 è eccezionale e tassativa e non è applicabile ad alcuna categoria di opere dell'ingegno (tipicamente quelle dell'arte figurativa), per le quali la citazione necessariamente comporta la riproduzione integrale dell'opera (v. Ubertazzi, "Commentario breve al diritto della concorrenza" v. art. 70; C. Appello Roma 23.12.1992, in Riv. Dir. Aut. 1994, con nota di Zincone).

# No copyright sulla cultura

Il 10 gennaio 2007 ho ricevuto dalla Siae una raccomandata con cui mi si intima di pagare 4.740 euro per lesioni dei diritti morali e patrimoniali di quegli artisti (Balla, Braque, Cangiullo, Carrà, Kandinsky, Klee, Marinetti, Matisse, Picasso, Severini) di cui ho utilizzato 74 opere pittoriche, per 54 mesi, nel sito www.homolaicus.com, senza averne chiesta previa autorizzazione alla suddetta Siae.

La raccomandata fa leva sul fatto che la legislazione attuale non prevede che un sito non commerciale possa utilizzare liberamente opere di artisti viventi o scomparsi da meno di 70 anni (e qui si cita la vecchia legge n. 633 del 22.4.1941, che, con i suoi aggiornamenti, non farebbe differenza - secondo la Siae - tra sito commerciale e sito culturale, ma semmai tra sito giornalistico, con diritto di cronaca e quindi con facoltà di riprodurre gratuitamente anche immagini protette, e sito non giornalistico, che questo diritto invece se lo deve pagare. Il che in sostanza escluderebbe che in web vi possa essere uno scambio gratuito delle risorse culturali tra siti non commerciali: usare un'immagine protetta fa di un sito culturale una sorta di sito commerciale, per quanto i diritti su quelle immagini gli costino un po' meno).

Ora, a parte il fatto che è davvero singolare che si parli di "danni morali" quando l'utilizzo ipertestuale che ne era stato fatto aveva scopi o didattici o culturali, quel che più stupisce è che non è più sufficiente citare la fonte dell'opera in oggetto, ovvero la sua collocazione museale (pubblica o privata): bisogna preventivamente assicurarsi presso la Siae se su quell'opera non gravino dei diritti d'autore, anche se il sito in oggetto è del tutto libero e di accesso gratuito in ogni sua parte, senza distinzione alcuna.

Nella raccomandata peraltro non sono stati riportati neppure i nomi esatti dei file ma solo i nomi generici degli artisti, sicché il sottoscritto, per sicurezza, è stato costretto a rimuovere interi ipertesti, causando senza dubbio un danno a chi utilizza i motori di ricerca (per non parlare del danno che avrà arrecato a quanti dispongono dei medesimi ipertesti, avendoli ottenuti o scambiati a vario titolo gratuito).

Alla Siae non è neppure bastato che il sottoscritto avesse messo nella home page la seguente dicitura: "Questo sito è pubblicato sotto una Licenza Creative Commons. Se trovate che qualcosa violi le leggi vigenti in materia di diritti d'autore, comunicatecelo e provvederemo tempestivamente a rimuoverlo."

Ovviamente non è neppure bastato che nello stesso giorno in cui è giunta la raccomandata siano stati rimossi gli ipertesti che contenevano le immagini in questione.

Il danno quindi va pagato, ma questo atteggiamento della Siae può risultare foriero di spiacevoli conseguenze per molta gente che in rete fa soltanto "cultura" o "didattica", senza alcun fine di lucro. E questo senza considerare che chi fa ipertesti culturali su determinate opere pittoriche esalta la dignità morale dell'artista e indirettamente incrementa i diritti patrimoniali degli eredi.

E il sottoscritto, che in rete lavora con questo entusiasmo da almeno dieci anni, farà fatica ora a spiegare ai propri allievi che la legge lo mette sullo stesso piano di un truffatore.

# Le telefonate

Con il Responsabile Immagini del Settore Internet della Siae

**Prima telefonata: 17 gennaio 2007**

1. Gli ho chiesto anzitutto i nomi dei files (tutti in jpg), perché non mi bastavano quelli degli artisti, in quanto ho dovuto rimuovere interi ipertesti. Mi ha risposto che non era tenuto a dirmeli. Se un artista è protetto da loro, tutte le sue opere lo sono.
2. Gli ho chiesto se nel loro sito avessero un database con l'elenco di tutti gli artisti, visto che lui, di persona, riceve solo telefonate e fax. Mi ha risposto di sì, ma in realtà, cercando, non senza fatica, ho visto che si tratta di un pdf scaricabile da qui www.Siae.it/documents/zip/olafav_utilizzatori_ElencoArtistiTutelati.zip. Sono 238 pagine di artisti, italiani e stranieri, di opere letterarie e figurative. Da notare che il file non è stato messo nella home page.
3. Per la Siae non ha alcun valore, in sé, che il sito sia no-profit o che si citi la fonte. Tutti devono pagare quando le immagini sono protette.
4. Gli ho chiesto se gli erano giunte segnalazioni da parte degli eredi. M'ha risposto che loro si muovono autonomamente, di concerto con la polizia postale e le Siae di altri paesi.
5. Gli ho chiesto se l'unico riferimento legislativo per le immagini fosse la legge 22 aprile 1941 n. 633 www.Siae.it/utilizzaopere.asp#doc: me l'ha confermato, aggiungendo che non esiste altro né in Italia né in Europa, se non aggiornamenti della stessa. Comunque tutte le leggi sono nel loro sito www.Siae.it
6. Gli ho detto se poteva servire che nella home del mio sito avessi messo la dicitura: "Questo sito è pubblicato sotto una Licenza Creative Commons creativecommons.org. Se trovate che qualcosa violi le leggi vigenti in materia di diritti d'autore, comunicatecelo e provvederemo tempestivamente a rimuoverlo". S'è messo a ridere.
7. Non è che la Siae metta sullo stesso piano un sito commerciale con uno didattico di un semplice webmaster (persone fisica): semplicemente se voglio usare immagini di artisti dalla cui data

di morte non siano passati 70 anni, devo pagare, secondo un preciso tariffario, che è questo: Siae.it/documents/zip/olaf_av_utilizzatori_tariffe.zip (dal maggio 2006 50 opere vengono a costarmi 120 euro l'anno; se passo a 51 il tariffario cambia).

8. A questo punto gli ho posto due precise domande: se avessi messo l'ipertesto zippato, il motore di ricerca non l'avrebbe indicizzato nei suoi contenuti, voi non ve ne sareste neppure accorti ecc.: avrei dovuto pagare lo stesso? Risposta: "sì se l'avessimo trovato".
E se avessi usato il tag iframe facendo in modo che l'immagine fosse semplicemente linkata, avrei dovuto pagare? "No, basta che i sorgenti della pagina html siano ben chiari".

**Seconda telefonata: 18 gennaio 2007**

1. Mi suggerisce di mettere gli ipertesti con immagini protette in un'area riservata, accessibile con login e password, così risulta non pubblica, per cui non si pagano diritti Siae.
2. Se si pagano i diritti Siae, gli eredi o gli artisti viventi non possono denunciarmi ulteriormente in sede separata.
3. La Legge 633 (e successive modifiche[6]) non fa differenza - secondo la Siae - tra siti amatoriali e commerciali, quando sono in causa cose protette dalla Siae. L'unica differenza è l'importo dovuto.
4. Gli adsense di Google non trasformano automaticamente un sito da culturale a commerciale.
5. Che il server ospitante il mio sito sia su suolo italiano o straniero (fosse anche un "paradiso fiscale") è indifferente per la Siae.
6. Non si possono mettere su un'immagine dei segni a scopo didattico (triangoli, cerchi, linee) per spiegarne il significato, se prima non si è ottenuto il permesso dell'autore o dell'erede.
7. Non esiste un elenco pubblico degli eredi, ma solo degli autori protetti da Siae.
8. Se l'autore o l'erede mi autorizza a usare le proprie immagini gratuitamente, la Siae non mi chiede nulla, ma è sempre meglio informarla, perché non è detto che l'autore o l'erede lo faccia. E poi va comunque messa una dicitura che la stessa Siae possa leggere.
9. Il fatto di mettere immagini protette e non pagate nella home page del sito, costituisce un aggravante.

---

[6] La legge è qui: www.interlex.it/Testi/l41_633.htm.

10. Il fatto di prendere di un'immagine un piccolo pezzo, aumenta il danno morale dell'artista. Ma poi s'è contraddetto dicendo che, in effetti, se si mette per iscritto che si tratta di un particolare, non si deve pagare il diritto.
11. I diritti si pagano a prescindere dalla grandezza o risoluzione dell'immagine.
12. Non serve a nulla prendere un'immagine da Wikipedia e scriverci sotto la dicitura della loro licenza d'uso.
13. Se avessi eliminato gli ipertesti prima che arrivasse la raccomandata Siae, pur essendo i loro contenuti già indicizzati dai motori, non avrei pagato diritti.

**Terza telefonata: 19 gennaio 2007**

1. Se dalla rete ho scaricato e messo nel mio sito ipertesti altrui o anche solo dei file pdf che contengono immagini protette, i diritti sulle immagini li pago anch'io. Solo il link a risorse esterne impedisce di pagare diritti.
2. Se il sito fosse giornalistico, potrei beneficiare, a motivo del diritto di cronaca, dell'uso gratuito di immagini protette.
3. Se il sito è fatto da un portale con area riservata, in teoria si dovrebbero pagare i diritti sull'uso di questa area, nel caso in cui contenga immagini protette. Si pagherebbe una cifra forfettaria sul numero degli accessi, ma la Siae su questo è benevola.

# Le obiezioni alle raccomandate della Siae

I

In risposta alla vostra[7] raccomandata del 10/01/2007 gradirei sapere esattamente quali sono i nomi dei files oggetto di diritti, di cui avete riportato in tabella il numero, l'importo e il nome dell'artista, in quanto, non sapendolo, ho dovuto rimuovere interi ipertesti, procurando danni notevoli ai fruitori del mio sito (docenti e studenti).

Inoltre vorrei sapere quali articoli della legge 22/4/1941, n. 633 avrei violato, in quanto non ho letto in maniera chiara e distinta che siti didattico-culturali non aventi scopo di lucro né fini di profitto incorrono in sanzioni amministrative.

Peraltro non trova alcun fondamento nella legislazione vigente il fatto che l'uso parziale o di porzione d'immagine, nonché l'uso didattico a scopo illustrativo e informativo, siano sanzionabili.

Anzi l'art. 70 della legge n. 633/1941 autorizza espressamente il diritto di citazione. "Il riassunto, la citazione o la riproduzione di brani o di parti di opera, per scopi di critica, di discussione ed anche di insegnamento, sono liberi nei limiti giustificati da tali finalità e purché non costituiscano concorrenza alla utilizzazione economica dell'opera". Gli "scopi di critica, di discussione ed anche di insegnamento" perseguiti dal sito homolaicus.com sono evidenti anche ad un esame superficiale.

Vorrei anche aggiungere che sono fermamente convinto che gli ipertesti realizzati, senza alcuno scopo di lucro, coi miei studenti e coi miei colleghi, abbiano esaltato la dignità morale degli artisti e persino, indirettamente, i diritti patrimoniali dei loro eredi, in quanto una riflessione critica, approfondita dei dipinti non fa che aumentarne il valore commerciale.

Non si è tenuto in alcun conto che il formato jpeg, usato per mostrare i dipinti, in alcun caso può permettere una riproduzione fedele del dipinto stesso, essendo per definizione un formato povero di contenuto digitale, del tutto inservibile per qualunque opera cartacea o filmica.

Nei conteggi da voi inviati non è dato comprendere come siano stati determinati i compensi. P. es. non si è tenuto conto che il sito è stato creato da un privato (quindi persona fisica e non giuridica), a solo scopo amatoriale e didattico e senza scopo di lucro, con l'ovvia conseguenza,

---

[7] S'intende un dirigente della Siae.

eventualmente, dell'applicazione forfettaria del diritto annuale fino a 50 opere inserite.

Devo dirvi in tutta sincerità che la vostra iniziativa ha scosso la mia serenità interiore, provocando sfiducia nelle istituzioni e forti perplessità sul futuro del web culturale nazionale, da voi indebitamente equiparato a quello commerciale, salvo la diversità degli importi dovuti; una sfiducia che inevitabilmente non coinvolge solo me, ma anche i miei colleghi e soprattutto i miei allievi, nei cui confronti io non trovo più le parole per rendere in qualche maniera comprensibile l'atteggiamento della vostra Società.

Il mio sito non solo ha valorizzato al massimo e in forma del tutto gratuita la cultura e l'arte degli intellettuali e degli artisti del nostro paese e del mondo intero, ma l'ha fatto anche con prodotti ipertestuali che costituiscono essi stessi opera dell'ingegno creativo dei loro autori, e che per questa ragione, una volta collocati in rete, per la libera fruizione di tutti, meriterebbero d'essere tutelati e non ostacolati dalle leggi vigenti, appartenendo al patrimonio culturale della nazione e, attraverso il web, del mondo intero.

Non posso pertanto non informare di questa cosa il Ministro della Pubblica Istruzione, al quale appartengo da 30 anni di ininterrotta attività, senza alcuna nota di demerito.

In particolare con la suddetta raccomandata si è voluto colpire, senza alcun precedente giurisprudenziale e alcun avvertimento, mettendo sullo stesso piano un sito didattico-culturale privo di finalità lucrative con un sito chiaramente commerciale, uno dei fondatori del web didattico nazionale, facendolo passare per una sorta di "falsario" o "truffatore", quando con la sua attività egli, da un decennio, dà lustro al web artistico nazionale e mondiale. Ciò non potrà non avere delle conseguenze nell'ambito didattico e politico nazionale, proprio a motivo della particolare credibilità che il sito in oggetto gode. Non a caso sono già state fatte tre interrogazioni parlamentari, alla Camera e al Senato.

## II

Devo purtroppo dissentire sul fatto che lei[8] voglia tener conto della "particolarità della materia", in quanto, essendo questo un caso senza precedenti giurisprudenziali, mi pare quanto meno fuori luogo l'uso di toni così categorici e ultimativi. Di fatto qui mi trovo a dover fronteggiare per la prima volta, personalmente e come rappresentante di una intera categoria di lavoratori statali, dipendenti di un Ministero, una richiesta

---
[8] S'intende l'avvocatessa della Siae.

del tutto inusuale e improvvisa per il mondo del web didattico-culturale, nonché economicamente cospicua per i redditi di un insegnante di scuola media, da parte della Siae.

Nonostante i suddetti toni, ho comunque apprezzato il fatto che nella Vostra raccomandata non si faccia cenno a una presunta violazione del "diritto morale" dell'artista, come invece da raccomandata precedente da parte dell'Ufficio Arti Figurative.

Ritenevo infatti particolarmente offensivo della mia personale dignità anche il semplice sospetto di tale presunta violazione, avendo scrupolosamente sempre evitato di modificare l'integrità del dipinto di riferimento (il puzzle di Picasso, così avventatamente biasimato nella precedente raccomandata dell'Uff. Arti Figurative, non era affatto una scomposizione dell'immagine, scaricata dalla rete e rimasta perfettamente integra, ma semplicemente un effetto ottico causato da un applicativo telematico).

Ho inoltre sempre riportato la fonte dell'immagine usata o in ogni caso mi sono sempre dichiarato, in quest'ultimo decennio, disponibile a riportarla là dove fossero sorti malintesi o emerse lacune per la sua esatta individuazione, come d'altra parte può accadere nella rete Internet, caratterizzata dalla presenza di migliaia di siti con analoghe o identiche immagini, alla cui fonte originaria non è sempre agevole risalire.

Il sito homolaicus.com non svolge alcuna attività lucrativa, non vincola la visione integrale e gratuita degli ipertesti ad alcuna operazione commerciale, in alcuna forma, e non ho rapporti diretti con alcun inserzionista che mi paghi solo per il fatto d'essere presente nel mio sito.

Ho comunque apprezzato il fatto che nella vostra raccomandata si eviti di qualificare come "commerciale" il mio sito, diversamente da come ha fatto il direttore della sezione delle opere letterarie e arti figurative (OLAF) Luigi Cecere, in una intervista rilasciata a punto-informatico.it/p.aspx?id=1890523, del 14 febbraio 2007; e che ci si limiti a sostenere che "spetta all'autore il diritto esclusivo di utilizzare economicamente l'opera in ogni forma e modo originale o derivato".

Resta tuttavia singolare ch'Ella citi, a sostegno del fatto che sia illecito usare immagini protette dal diritto d'autore, testi di Auteri e Ricolfi del 1996, quando a quella data la presenza della rete Internet in Italia era quasi del tutto sconosciuta.

Se fosse stato così evidente quanto Ella rileva, la Siae, il cui dominio è registrato sin dal 1997, non avrebbe aspettato un decennio prima di inviare richieste di compensi per immagini protette, usate in ipertesti didattico-culturali.

È evidente quindi che la legislazione non è affatto così univoca nel condannare l'uso di dette immagini da parte di siti non aventi scopo di lucro.

Generalmente infatti quando il legislatore parla di "immagini" intende sempre quelle in "movimento" (cioè quelle filmiche o cinematografiche), come da art. 69 e 78ter e 79, 80-2f del D.L.vo. n. 68/2003, e quando parla di "opera" va detto che solo in maniera molto traslata e sicuramente opinabile tale concetto può essere esteso alle immagini web nel formato jpeg.

Peraltro qui nessuno mette in dubbio che l'artista o autore del dipinto abbia "il diritto esclusivo di utilizzare economicamente l'opera in ogni forma e modo" (art. 12 della L. 633/1941), ma, proprio perché, nella questione in oggetto, trattasi di dipinti, si deve categoricamente escludere che le immagini in formato jpeg utilizzate nel mio sito, possano costituirsi come "copia di un originale".

La copia di un dipinto originale può essere soltanto un altro dipinto, cioè una contraffazione fatta passare per originale o spacciata come palese falsificazione. Io non solo un "falsario".

Questo senza considerare che, tecnicamente, il formato jpeg è talmente povero di contenuto digitale da risultare del tutto inutilizzabile per qualunque uso diverso da quello di una pagina web, per la visione della quale esso sin dall'inizio è riuscito a imporsi su altri formati proprio a causa della sua forte compressione.

Generalmente quando un sito svolge una funzione a carattere didattico o di recensione o di critica è notorio che valga il principio secondo cui "il riassunto, la citazione o la riproduzione di brani o parti d'opera per scopi di critica, di discussione e anche d'insegnamento, sono liberi nei limiti giustificati da tali finalità e purché non costituiscano concorrenza all'utilizzazione economica dell'opera" (art. 70 della citata legge).

Ora è evidente che, trattandosi di dipinti, è da escludere potersi fare una critica interpretativa basandosi unicamente su una piccola porzione di essi.

Persistendo la Siae nel non voler esplicitare i nomi dei files oggetto di controversia, al punto che solo per via indotta si può presumere trattarsi non di "porzioni di immagini" bensì di "immagini integrali", è impossibile per me ravvisare un dolo effettivo nell'utilizzo degli stessi entro l'ambito di quello che lei definisce, riprendendo una sentenza della Cassazione (n. 11343) che, guarda caso è di nuovo del 1996, il "mercato della riproduzione". Di quale "mercato" si possa parlare, a fronte di un sito didattico-culturale che svolge la propria attività in forma del tutto gratuita, senza che mai alcun aspetto commerciale abbia in qualsivoglia maniera interferito con detta attività, non è dato sapere.

Generalmente infatti è vietata "ogni utilizzazione in concorrenza con i diritti di utilizzazione economica spettanti all'autore" (art. 6 del D.L.vo. n. 68/2003). Ma quale sia detta "concorrenza" che tali ipertesti culturali avrebbero minacciato o danneggiato, resta a tutt'oggi cosa del tutto oscura.

Non meno dubbia è l'affermazione che un'attività del genere possa aver leso i diritti patrimoniali dell'artista e/o dei suoi eredi, quando, essendo di notevole rilevanza culturale, essa semmai li ha favoriti e in maniera del tutto gratuita, al punto che viene facilmente da presumere che, nell'eventualità che il sottoscritto si fosse posto il problema di chiedere un'autorizzazione all'uso delle immagini in oggetto, ben difficilmente l'artista o gli eredi avrebbero preteso dei compensi, avendo io elaborato dei testi che valorizzano enormemente quelle stesse immagini.

Di sicuro detti artisti e/o eredi non avrebbero preteso alcunché nei confronti di un giornalista o di un recensore specializzato o critico d'arte professionista che avesse fatto analogo lavoro di critica culturale, che nella fattispecie avrebbe costituito una forma di ottima pubblicità difficilmente rifiutabile, tanto più se detto lavoro fosse stato svolto a titolo del tutto gratuito.

Avendo prodotto gli ipertesti in forma del tutto disinteressata, io non trovo alcuna difficoltà a cederli gratuitamente ai diretti interessati, anche nel caso in cui questi chiedessero espressamente di rimuoverli dal sito homolaicus.com, per quanto tale rimozione costituirebbe per me una richiesta alquanto insolita.

Consapevole dell'importanza culturale del proprio sito nel web nazionale, non ho alcuna difficoltà a venire incontro ad esigenze specifiche da parte degli artisti e/o dei loro eredi, che non ricadano nella richiesta di compensi cui io, stante l'attuale documentazione offerta dalla Siae, non mi sento in alcun modo dovuto.

Potrei anche essere disponibile a pagare, a titolo non di compensi dovuti, ma di sanzione per non conoscenza delle disposizioni della Siae, una cifra simbolica, in quanto la Siae avrebbe dovuto dare comunicazione ufficiale di un tale atteggiamento inedito nel web nazionale, offrendo una relativa e adeguata moratoria ai docenti, onde permettere che questi controllassero i loro archivi in riferimento agli artisti oggetto di tutela (il cui file pdf, in cui sono elencati, non è certo accessibile in maniera agevole, visto che non risulta essere presente nella home page del sito della Siae).

Tuttavia, anche pagando tale simbolica sanzione, continuerei a rimanere insoddisfatto nei confronti del rifiuto dell'Uff. Arti Figurative di rivelare i nomi dei files oggetto di contenzioso, sicché io stesso mi vedrei costretto a tenere rimossi o gravemente menomati i miei ipertesti, il che costituirebbe un danno evidente, sul piano della libera fruizione culturale da parte dell'intero web mondiale.

Posto ciò potrei anche vedermi costretto, dato che quegli stessi ipertesti possono essere considerati, a buon titolo, opera di un qualche "ingegno creativo", e visto che l'Uff. Arti Figurative mi equipara in maniera certa a un editore *qua talis*, a chiedere alla stessa Siae il dovuto pagamento di un danno che può essere fatto risalire, in maniera certa, alla data dell'11 gennaio 2007, giorno di ricevimento della prima raccomandata, e giorno in cui gli ipertesti in oggetto o sono stati rimossi dal web, o ne sono state rimosse tutte le immagini. I materiali didattico-culturali interessati occupano circa 70 mega dello spazio web del sito homolaicus.com.

Nella voluta incertezza in cui mi si tiene circa l'identificazione univoca delle immagini contestate, potrei anche vedermi costretto a far valutare da esperti critici d'arte i miei ipertesti, onde rendermi edotto circa un loro ipotetico valore commerciale, sulla base del quale quantificare poi i relativi danni da chiedere alla stessa Siae.

Va inoltre aggiunto il fatto che secondo una certa linea interpretativa è lecito usare porzioni di immagini senza pagare il diritto d'autore, a condizione che lo si espliciti in calce alla stessa immagine. Anche se ciò, per quanto riguarda i miei ipertesti, risulta essere poco significativo, essendo impossibile commentare un'immagine senza mostrarla per intero.

\*

E ora un commento alle tabelle dei compensi.

La Siae si rifiuta di dirmi il tipo di conteggio che ha fatto. Il file pdf che hanno on line è fermo al giugno 2004. La tabella di riferimento avrebbe dovuto essere la seguente:

7.1 - *siti creati da privati (persone fisiche, non persone guridiche) a solo scopo amatoriale, con esclusione quindi di attività professionali e/o scopo di lucro connesse all'utilizzazione dei siti in questione.*
È consentito un uso massimo di 50 opere.
Numero di opere: 1-10; per mese (forfait): 2 € mese, per anno (forfait): 20 €

Numero di opere: 11-50; per mese (forfait): 10 € mese, per anno (forfait): 100 €

Oltre le 50 opere si passa alla tabella 7.2 (solo che mentre nella tab 7.1 è detto espressamente trattarsi di siti intestati a persone fisiche non giuridiche, nella tab. 7.2 si può anche pensare trattarsi di persona giuridica).

*7.2 - siti creati per promuovere e diffondere la cultura (con esclusione, quindi, di fini commerciali) o relativi a mostre/esposizioni (sia permanenti che temporanee). Rientrano in queste tipologie: musei, scuole, università, biblioteche, istituzioni culturali, siti di insegnamento e divulgazione.*

Oltre le 100.000 pavm (pagine visitate al mese), è prevista una maggiorazione del 10%.

Numero di opere: 1-3; per mese (forfait): 20 euro mese,
Numero di opere: 4-6; per mese (forfait): 23 euro mese,
Numero di opere: 7-10; per mese (forfait): 25 euro mese,
Numero di opere: 11-20; per mese (forfait): 31 euro mese,
Numero di opere: 21-30; per mese (forfait): 44 euro mese,
Numero di opere: 31-40; per mese (forfait): 50 euro mese,
Numero di opere: 41-50; per mese (forfait): 63 euro mese,
Numero di opere: 51-60; per mese (forfait): 75 euro mese,
Numero di opere: 61-70; per mese (forfait): 88 euro mese,
Numero di opere: 71-80; per mese (forfait): 100 euro mese,
mi fermo a 71-80 perché le immagini contestate sono 74.

Nel caso di utilizzazioni della durata di 1 anno (12 mesi) i diritti di cui alla tabella saranno forfetariamente moltiplicati per 10.

La Siae fa riferimento a un periodo che va dall'agosto 2002 al gennaio 2007 (la prima raccomandata reca la data del 10 gennaio 2007). Si tratta di 4 anni e 5 mesi.

Facendo ora dei conti approssimativi dovremmo avere questa situazione: fino a 50 opere avrei dovuto pagare 100 euro l'anno moltiplicati per 4 anni = 400 euro. A ciò vanno aggiunti i 5 mesi, quindi 50 euro. Totale della prima tabella: **450 euro**.

Oltre le 50 ne restano 24 che vanno conteggiate nella tabella successiva: 44 euro x 10= 440 euro da pagare ogni anno x 4 anni = 1740 euro. Oltre a ciò vanno aggiunti i 5 mesi: 44x5=220. Totale della seconda tabella: **1960 euro**.

Sommiamo tutto: 450+1960= **2410 euro**. È la metà di quanto chiesto!

Nel conteggio della Siae si dà per scontato che i files abbiano tutti la stessa data di realizzazione (cioè di trasferimento su server), che viene fatta risalire all'agosto 2002. Ebbene a quella data esistevano solo i 27 files di Kandinsky. I 33 di Klee sono invece del dicembre 2005. I 3 di Picasso e i 2 di Matisse sono dell'aprile 2005. Quello di Balla è del febbraio 2004. Quello di Cangiullo, di Marinetti e i due di Severini del marzo 2004. I due di Braque non sono riuscito neppure a trovarli!

In ogni caso i conteggi che ho fatto prima, senza pensare di andare a controllare queste date, ora andrebbero completamente rifatti.

Chiedermi 1761 euro per i 33 file di Klee, per i quali, stando alla tabella 7.1, in un anno avrei dovuto pagare soltanto 100 euro, non ha senso.

Inoltre ho notato una incongruenza tra quanto dice la prima raccomandata, che mi commina la sanzione a partire dall'agosto 2002, e quanto sostiene l'avvocatessa nella seconda raccomandata, che si appella al D. L.vo n. 68 del 9 aprile 2003 per dirmi che ho violato il diritto esclusivo di riproduzione.

Ma se è così, nel conteggio la Siae non avrebbe dovuto mettermi gli importi che vanno dall'agosto 2002 all'aprile 2003.

Insomma io ho ritenuto opportuno:
1. fare riferimento alle tabelle ufficiali della Siae esposte nel sito, recante il nome olaf_av_utilizzatori_Tariffe.pdf (è un file zippato, quindi neppure indicizzato dai motori di ricerca!);
2. considerare che in queste tabelle il sito Homolaicus rientra nella tipologia 7.1.: intestato a persona fisica, privata, amatoriale, senza scopo di lucro;
3. rifiutare il conteggio dei files come se tutti fossero stati inseriti nel server nell'agosto 2002;
4. per i due artisti, i cui compensi sono maggiori, avrei dovuto pagare: Kandinsky (4 anni e 5 mesi = 450 euro), Klee (un anno, perché è di dicembre 2005 = 100 euro);
5. per tutti gli altri avrei al massimo potuto pagare 450 euro forfettari (i 3 files di Picasso e i 2 di Matisse sono dell'aprile 2005; quello di Balla è del febbraio 2004; quelli di Cangiullo, Marinetti e i due di Severini sono del marzo 2004; i due di Braque non sono stati trovati).

### III

Finché la Siae non dice esplicitamente che intende fare differenza, e non solo negli importi dovuti ma nella sostanza, tra "cultura" e "business", è necessario contestare questo inedito atteggiamento nei confronti del diritto telematico alla cultura.

"Inedito" perché, nonostante lei[9] faccia riferimento al 1998, quando cita la "Licenza per le utilizzazioni on line", in cui sono previste forme di compensi per webmaster di siti senza fine di lucro, in realtà: 1) non esiste in quell'anno alcun comunicato stampa della dirigenza Siae relativo alle suddette tabelle, cioè in nessun luogo la Siae ha mai emesso un comunicato in cui dichiarava di pretendere compensi per l'uso di immagini jpeg poste in siti didattici e culturali; 2) di fatto io risulto il primo docente a essere colpito in questa maniera proditoria (l'altro è di Brescia, che ha ricevuto la prima raccomandata una settimana dopo la mia e con cui sono in contatto periodico). Lei non ha elencato alcun precedente giurisprudenziale analogo al mio caso.

Io sono in rete dal 1997 e da allora sono in contatto con migliaia di docenti: nessuno, a mia conoscenza, ha mai ricevuto una raccomandata da parte della Siae; nessuno ha mai detto che in rete, per motivi didattico-culturali, non si potevano usare immagini protette dal diritto d'autore. Non siamo così sprovveduti da non sapere cosa dicono le leggi.

Tutti i riferimenti giuridici da lei riportati (articoli di riviste, sentenze di tribunali ecc.) o sono precedenti alla nascita del web didattico nazionale o non c'entrano affatto con questo settore della rete (che è appunto "didattico-culturale", mi piace ribadirlo).

Inoltre fra quanto lei scrive e quanto sostengono il presidente Assumma e il dirigente Cecere, nei miei confronti, esiste una stridente sfasatura, dovuta al fatto che mentre lei sostiene l'impossibilità "assoluta" di usare immagini protette senza esplicita autorizzazione da parte della Siae; viceversa, i suddetti dirigenti ritengono che la mia "colpa" stia principalmente nel fatto che ho usato tali immagini in un sito che presenta aspetti commerciali (banner, adsense...).

Infatti le stesse immagini avrei potuto tranquillamente usarle col tag iframe o in un'area riservata (queste cose me le disse al telefono uno dei vostri dirigenti) o fruendo del diritto di cronaca se fossi stato giornalista (ho fatto telefonare a un giornalista per avere conferma di questo).

Ora, mi rendo conto che la Siae abbia bisogno di dimostrare al mondo dei docenti che non mi sta colpendo in quanto "docente", ma in quanto "webmaster" o addirittura "editore commerciale"; mi rendo altresì conto che, se si andasse in causa, un qualunque giudice troverebbe più agevole condannarmi non sulla base delle motivazioni che lei ha espresso, ma piuttosto sulla base di quelle dei dirigenti Siae, in quanto là dove esiste "business" è giusto obbligare a dei compensi.

Ma io voglio qui ribadire a chiare lettere che tutti gli aspetti cosiddetti "commerciali" del mio sito, o sono a titolo gratuito o sono di en-

---

[9] S'intende l'avvocatessa della Siae.

tità così ridicola da escludere a priori qualunque finalità commerciale *stricto sensu*. A dimostrazione di questo non avrei alcuna difficoltà a chiedere accertamenti fiscali sui movimenti del mio c/c bancario.

Io sono un uomo di cultura che non ama la notorietà; produco le mie cose a titolo gratuito, "per il bene dell'umanità", come un discepolo di Kant, e mi sono visto costretto a reagire per tutelare il diritto alla cultura libera, gratuita e pubblica contro l'esercizio esclusivo e autoritario del diritto d'autore.

Le sue osservazioni possono dunque valere soltanto per chi fa business con l'arte: non sono mai state applicate in riferimento a chi fa cultura a titolo gratuito; non a caso l'art. 70 permette il diritto di citazione di un'opera, mentre il diritto di cronaca non può certo essere prerogativa del solo giornalista, a meno che non si voglia violare palesemente la Costituzione.

Lei ovviamente non può dire questo, perché questo argomento, del rapporto Homolaicus/Business, è in realtà l'asso nella manica che la Siae pensa di poter tirare fuori in sede legale. Un asso che potrei contestare efficacemente non meno delle sue argomentazioni, proprio perché, se esiste da qualche parte una definizione di "sito commerciale", il mio sicuramente non vi rientra, visto che nessun inserzionista mi paga per essere presente nel mio sito.

L'unico che paga qualcosa è Google, ma solo a condizione che l'utente compia una precisa operazione, cioè clicchi sull'inserzione. Nella fattispecie io ricevo un euro ogni 12 clic (in media) di 12 utenti diversi, con 12 ip diversi. Se qui avessimo a che fare con gente che del web sa le cose fondamentali, non ci sarebbe bisogno di spiegare che con un marchingegno del genere un webmaster non si paga neanche minimamente le spese che sostiene per mandare avanti il proprio sito.

Peraltro Homolaicus non ha mai vincolato la fruizione integrale e il download dei propri ipertesti ad alcuna azione commerciale, e non ha mai accostato alcun ipertesto artistico a forme di pubblicità che potessero offenderne i contenuti, checché ne dicano i dirigenti Siae.

In ogni caso dovrebbe esser lei a darmi una definizione di "sito commerciale". Spero non vogliate qualificare come "commerciali" i siti che hanno accettato gli ad-sense di Google, perché allora rischierete di avere contro non solo il mondo degli insegnanti, ma l'intero web nazionale.

Quando vedo che, per i dirigenti Siae, io risulto come uno che sfrutta l'arte per fare business, e che addirittura fa accostamenti immorali tra arte e spot pubblicitari, mi viene semplicemente da ridere. Il mio sito è una delle tante fonti di Wikipedia; due anni fa ho incaricato una persona di travasarvi tutti i materiali. Volete che metta nella home che la Siae ha intenzione di far chiudere un sito che foraggia a titolo gratuito la più grande enciclopedia del mondo?

Gli atteggiamenti denigratori dei dirigenti Siae, per fortuna, nelle sue lettere, non li ho riscontrati, e di questo la ringrazio; tuttavia anche lei ha accettato il fatto che detti dirigenti si debbano sentire autorizzati a non dirmi né i nomi dei files né la metodologia dei conteggi, prima di ottenere il pagamento dei compensi.

Non capisco perché questo accanimento. Soprattutto non capisco perché io debba accettare dei conteggi basati su tabelle ufficiose (allegate alla prima raccomandata) e non sulle tabelle ufficiali presenti nel sito della Siae, ferme al giugno 2004, i cui importi sono inferiori a quelli delle tabelle più aggiornate.

Peraltro io, rifacendo i conteggi, mi sono basato sulla tabella 7.1, relativa a intestatari "fisici", e non "giuridici", dei domini: perché la Siae ha fatto il contrario?

Mi sono basato inoltre sulle date effettive di upload dei files sul server: perché invece la Siae ha conteggiato i compensi sulla base dei files meno recenti?

Insomma siete andati a colpire la persona meno indicata: bastava un preavviso, un monito, una minaccia o quellochevipare e avremmo sistemato la cosa senza alcun clamore, in cinque minuti, come si è soliti fare in rete quando si commettono errori, sviste, violazioni di qualcosa. La rete deve comunque continuare a esistere e a svilupparsi: non si può fare cultura pensando che in giro c'è sempre qualcuno che non vede l'ora di fregarti. Che paese è il nostro? Perché dobbiamo sempre essere così diversi dagli altri?

Se io digito la parola "Picasso" in Google, mi dà un milione e trecentocinquantamila pagine scritte in lingua italiana. Tutti i webmaster hanno pagato i diritti d'autore? A chi non li ha pagati avete spedito delle raccomandate? Siamo seri.

Ma la cosa più curiosa è che se vengo da voi a digitare la stessa parola nella form di ricerca, ecco cosa ottengo: "La ricerca non ha prodotto alcun risultato. Riprova con altre parole." Dunque, l'unico sito che in Italia pretende royalties su Picasso non ha neanche una parola che lo indichi presente!

# Le interviste

## I

**L'arte e l'arte di far soldi della Siae**[10]

Ha senso proteggere gli artisti penalizzando chi li valorizza?

Enrico Galavotti, meglio conosciuto in rete col nick di Galarico, uno dei fondatori del web scolastico nazionale, autore del sito homolaicus.com, molto quotato in Google, soprattutto per i suoi materiali didattici e culturali, è incappato, dopo un decennio di presenza attiva, nelle maglie sempre più strette che la Siae sta stringendo intorno al mondo degli insegnanti telematici.

**Dunque, che è successo?**

Niente, o quasi. Con mia grande sorpresa mi sono visto recapitare una raccomandata dall'ufficio Arti figurative della Siae che mi intima di pagare una cifra rilevante per l'uso di 74 dipinti di Kandinsky, Picasso, Klee e alcuni Futuristi, di cui non avevo chiesto la preventiva autorizzazione.

**E perché non l'avevi chiesta?**

Perché non sapevo di doverla chiedere, non avendo mai fatto nulla di commerciale coi miei ipertesti, né lo sapevano i miei colleghi, che hanno collaborato alla loro realizzazione. In dieci anni non mi ha mai chiesto nulla nessuno. E come io ho preso immagini da vari siti, così è probabile che altri le abbiano prese dal mio: il baratto ha caratterizzato la rete sin dai suoi esordi. Il massimo che si faceva era citare a vicenda i rispettivi siti.

**Eppure esiste una precisa legge sul diritto d'autore.**

Sì esiste, ho cominciato a leggerla adesso. In rete, sin dalla sua nascita, tra insegnanti s'è sempre detto che bastava citare la fonte (in questo caso i musei), e a volte non si faceva neppure quello, trovando la stessa immagine su decine e decine di altri siti.

**Con questo cosa vuoi dire, che da una fase anarchica della rete si sta passando a una fase regolamentata?**

Indubbiamente una sanzione del genere solo qualche anno fa sarebbe stata impensabile, e non tanto perché le leggi erano meno restrittive (sicuramente lo erano prima di quella Urbani), quanto perché la Siae

---

[10] Intervista concessa a Pino Nicotri, giornalista dell'Espresso.

non faceva nulla in rete: è da circa tre-quattro anni che s'aggira come leone ruggente in cerca di chi divorare, e purtroppo, grazie al mio posizionamento nei motori, ha trovato il pollo da spennare.

**Cioè vuoi dire che la mazzata sarebbe dovuta arrivarti con una sorta di preavviso?**

No, sarebbe troppo chiedere a una società come la Siae, di cui è ben noto il carattere vessatorio che esercita nel nostro paese. Non a caso è stata per anni commissariata. Certo è che passare improvvisamente dalla libera fruizione di materiali didattici al terrore di dover rendere conto a questo Moloch del copyright, non è piacevole. Per questo forse sarebbe stata necessaria maggiore informazione o che comunque il nostro Ministero [della P.I.] avesse svolto un'opera di maggiore tutela nei confronti dei propri insegnanti, che nella mia condizione saranno a centinaia.

**Ti riferisci al fatto che la legge è troppo restrittiva nei confronti di chi fa cultura senza scopo di lucro?**

Esattamente. La Siae, o meglio la legge Urbani, non fa differenza tra sito culturale e sito commerciale: per l'uso di immagini protette tutti devono pagare. La differenza sta solo negli importi, che però restano troppo alti per qualunque insegnante. È impensabile infatti che per fruire di 50 immagini io debba pagare 120 euro l'anno, quando le stesse immagini, a te che sei giornalista, grazie al tuo diritto di cronaca, non costano nulla.

**Veramente la Siae non t'impedisce di usare le stesse immagini senza pagarci i diritti sopra.**

È vero, ma mi costringe o a metterle sotto chiave, in un'area riservata (il che non è il massimo per un sito culturale), o a usarle con dei link esterni, facendomi così rischiare di avere continuamente dei buchi neri quando il sito di riferimento sparisce dal web, o cambia nome, o quando il webmaster, semplicemente, colloca la propria immagine in un cartella diversa da quella originaria del proprio sito. L'altra soluzione è quella di usare porzioni di immagini, ma in un ipertesto artistico, di commento critico di un'opera, questa soluzione viene generalmente scartata a priori. E poi quelli della Siae, contraddicendo apertamente, in questo, la legge n. 633, con le sue successive modifiche, ritengono l'uso parziale dell'immagine un illecito ancora maggiore.

**Strano però che la Siae sia così ossessiva con gli insegnanti, quando la Cassazione è così tollerante nei confronti di chi fa pirateria di film, musica e software in ambito privato, pur senza scopo di lucro.**

È che per la Siae c'è una certa differenza tra quanto avviene in un'area privata e quanto invece avviene alla luce del sole. Un ipertesto didattico o culturale che utilizza pubblicamente immagini non autorizzate viola, *ipso facto*, la dignità morale dell'artista e i diritti patrimoniali degli eredi: nella raccomandata è scritto esattamente così, ed è stato questo che più mi ha sconcertato.

**Questo automatismo mi pare un po' strano, anche perché semmai un ipertesto culturale su un dipinto dovrebbe incrementarne il valore commerciale.**

Infatti, io penso che se un erede vedesse i lavori che i docenti fanno nel mio sito, non noterebbe di sicuro una violazione ma semmai un'esaltazione dell'ingegno artistico e intellettuale di un autore. Invece devi pensare che per la Siae costituisce addirittura un'aggravante il fatto che su un dipinto si mettano cerchi, linee e quadrati per poterlo meglio spiegare. Mi hanno addirittura scritto che l'aver usato il volto di Picasso in un puzzle in java avrebbe potuto comportare una richiesta separata di risarcimento danni.

**Insomma o paghi i diritti o non fai ipertesti di dominio pubblico su autori viventi o scomparsi da meno di 70 anni?**

Purtroppo la Siae non pubblica l'elenco degli eredi ma solo quello degli artisti, e di questi artisti considera protette tutte le opere, tant'è che non hanno neppure voluto dirmi i nomi dei files "incriminati". Quindi è lei a decidere le regole del gioco, e in queste regole la scuola è costretta a tenere lo sguardo rivolto verso il passato più lontano.

## II

### Il caso "homolaicus"[11]

1) **Prof. Galavotti, ci esponga il caso "Siae-Homolaicus".**
La prima raccomandata dell'Uff. Arti Figurative mi è arrivata il 10 gennaio scorso. Volevano una cifra spropositata per l'utilizzo non autorizzato di 74 jpeg in ipertesti didattico-culturali dedicati a Kandinsky, Picasso, Klee e alcuni Futuristi.

Ipertesti del tutto gratuiti, di livello medio-alto, completamente scaricabili, solo due fatti da me (gli altri da miei colleghi): quello di Kandinsky gira in rete da almeno un decennio.

Sono caduto dalle nuvole, e infatti era la prima raccomandata del genere che la Siae spediva. La seconda l'ha inviata una settimana dopo a un docente di Brescia, prevalentemente per delle foto e delle immagini di artisti.

---

[11] Intervista concessa al sito "Scarichiamoli!" - Nicola A. Grossi.

Decisi di rendere pubblica la raccomandata, perché dovevo in qualche modo avvisare i docenti che stavano correndo un grave rischio a tenere in rete immagini non autorizzate (gli stessi miei ipertesti sono stati scaricati chissà quante volte e messi chissà dove).

**2) Riassumendo, lei cosa contesta a Siae?**

Contesto alla Siae i seguenti dieci punti:

- di non aver mai emesso alcun comunicato stampa in cui si spiegasse che si aveva intenzione di agire anche sul versante delle immagini che riproducono dipinti;
- di non aver mai stipulato intese o convenzioni col Ministero della Pubblica Istruzione, mediante cui i docenti venissero messi sull'avviso di queste problematiche relative al copyright;
- di non aver dato tempo ai docenti, agli operatori culturali, che lavorano a titolo gratuito in rete, di controllare i loro archivi sulla base del file pdf degli 80.000 artisti protetti dalla Siae (questo file peraltro non è presente nella home del sito della Siae e per trovarlo bisogna fare i salti mortali, come bisogna farli per trovare quello delle tabelle dei compensi);
- di non fare alcuna differenza, se non negli importi dovuti, tra siti commerciali e non commerciali;
- di pretendere che i docenti, per non pagare i diritti, mettano i loro lavori in area riservata, accessibile solo tramite password;
- di non far pagare i diritti d'autore ai giornalisti, solo perché beneficiano del diritto di cronaca;
- di non capire assolutamente che con gli ipertesti culturali non si ledono ma in realtà si incrementano i diritti patrimoniali degli artisti e/o dei loro eredi;
- di non rendersi assolutamente conto che il formato jpeg usato largamente in rete per le immagini, essendo molto povero di contenuto digitale, non è in grado di essere copia fedele di alcunché;
- di non rendersi conto che copia di un dipinto è solo un altro dipinto;
- di contrapporre nettamente il diritto d'autore al diritto alla cultura libera, gratuita e pubblica.

**3) La Siae sostiene: "Non basta che sia un professore a gestire un sito. Didattico è un servizio limitato alla cerchia degli studenti, delle famiglie e dei professori con un'attività ben precisa e scandita". Lei cosa risponde?**

Che non è certo la Siae che può dire a un docente quando dove e come può fare attività didattica. Che non si fa certo attività didattica solo in area riservata o solo in un sito scolastico. Che tra didattica e cultura la differenza è di forma, non di sostanza, e comunque non si capisce perché la didattica in area privata (che potrebbe anche essere a pagamento) può non pagare le royalties, mentre la cultura a titolo gratuito e in area pubblica deve invece assolutamente pagare tutto.

**4) Porterà il caso in Tribunale? Ha già ricevuto pareri legali?**
Su questo non posso risponderti.

**5) Avete promosso petizioni ed anche interrogazioni parlamentari: sperate di ottenere un "ravvedimento" da parte di Siae sul caso di specie o puntate soprattutto ad un cambiamento legislativo (che del resto voi auspicate, con proposte alla mano)?**
Sì, va cambiata la legge sul diritto d'autore sulla falsariga del FAIR USE americano, che forse si potrebbe riassumere in queste semplici frasi, che assicurerebbero ai docenti la necessaria tranquillità per continuare a lavorare in rete in maniera pubblica e gratuita: È sempre lecito un uso didattico o culturale, formativo o informativo, parziale o integrale di opere tutelate dal diritto d'autore, alle seguenti condizioni: che l'opera non venga alterata o modificata in modo da pregiudicare la paternità del suo autore; che, pur in presenza di alterazioni o modificazioni, si possa sempre e comunque risalire all'originale integro; che lo scopo dell'utilizzo sia manifestamente privo di alcun fine di lucro; che venga sempre citato il legittimo proprietario dell'opera in oggetto; che venga riportato, quando necessario, il nome della sede in cui l'opera è collocata, onde poterla identificare in maniera certa. È fatto obbligo all'utilizzatore di tali opere indicare che la licenza in cui intende distribuirle o farle pubblicamente fruire è del tipo copyleft: "Proprietà Comune Creativa". Tale licenza ha effetti legali in tutti i paesi che la riconoscono.

# La petizione di Anitel

**"No copyright su formazione, insegnamento e cultura senza fini di lucro" - Siae e diritti d'autore**

Alla luce delle recenti denunce da parte della Siae a siti didattici e culturali non profit per l'utilizzo di immagini digitali di pittori protette dai diritti d'autore, con richiesta di ingenti somme pecuniarie, esprimiamo all'opinione pubblica le nostre preoccupazioni di educatori e formatori.

La Siae infatti, applicando "alla lettera" una legge le cui origini risalgono all'anteguerra (legge del 22/4/1941, n. 633 e successivamente adeguata con la legge 22 maggio 2004, n. 128) e non individuando alcuna differenza tra uso didattico-formativo-istituzionale e uso commerciale, pretende il pagamento di diritti d'autore su opere protette. In particolare essa sostiene che l'utilizzazione, anche parziale, di un'opera costituisce lesione del diritto morale dell'autore e che la riproduzione non autorizzata delle opere in questione lede gli esclusivi diritti patrimoniali che la legge riconosce agli stessi.

Ecco solo alcune delle innumerevoli conseguenze dirette che si verificano rispettando la norma:
1. qualsiasi sito scolastico o blog didattico che utilizza per puro scopo didattico file sonori, immagini protette, citazioni d'autore, rischia ingenti sanzioni e quindi la chiusura immediata;
2. le rappresentazioni teatrali, i saggi di fine anno caratterizzati da sottofondi musicali alla presenza di pubblico o dei genitori sono insostenibili dal punto di vista economico;
3. la realizzazione di cd rom didattici e la creazione di ipertesti sono estremamente costose;
4. la libertà didattica e le specifiche competenze professionali degli insegnanti ne risultano condizionate.

Questo comportamento limita fortemente la funzione formativa della Scuola e la libertà didattica degli insegnanti!

Chiediamo quindi al Ministero della Giustizia, al Ministero della Pubblica Istruzione, al Ministero dei Beni Culturali che la Scuola, nell'ambito della propria e specifica funzione educativa, formativa e didattica, sia esentata dal COPYRIGHT in situazioni non profit e che gli insegnanti vengano equiparati alle categorie che possono beneficiare gratuitamente di opere artistiche nel contesto professionale, senza fini di lucro.

Chiediamo inoltre che le richieste vengano estese a produttori di cultura off/on line a livello gratuito e che operano nello spirito del Cooperative Learning, quali associazioni e community non profit.

La sottoscrizione è iniziata il 28 Gennaio 2007.
www.anitel.it

**Bozze di petizioni**

**Petizione "No copyright sulla cultura senza fini di lucro"**

Destinatari: Ministero della Giustizia, Ministero della Pubblica Istruzione, Ministero dei Beni Culturali

Alla luce di quanto accaduto al sito didattico e culturale homolaicus.com, gestito da un insegnante di una scuola media statale della provincia di Forlì-Cesena, denunciato dalla Siae, il 10 gennaio u.s., per aver utilizzato 74 immagini di pittori protette dai diritti d'autore, si propone alla Vostra attenzione la seguente petizione.

Detta petizione ha come fine quello di scongiurare i tentativi della Siae di minacciare l'esistenza di siti didattico-culturali realizzati da insegnanti o da istituzione scolastiche e culturali, non aventi alcun fine di lucro.

La Siae infatti, non facendo alcuna differenza tra sito scolastico e sito commerciale, pretende il pagamento mensile o annuale di diritti d'autore su opere protette dalla legge del 22/4/1941, n. 633, a prescindere dall'uso didattico o culturale che ne fa l'insegnante o l'istituzione del sito.

In particolare essa sostiene che l'utilizzazione, anche parziale, di un'opera costituisce lesione del diritto morale dell'autore e che la riproduzione non autorizzata delle opere in questione lede gli esclusivi diritti patrimoniali che la legge riconosce agli stessi.

Con ciò essa rifiuta di accettare l'idea che proprio con l'utilizzo dell'ipertestualità e multimedialità i docenti favoriscono non solo, direttamente, l'opera d'ingegno degli artisti, ma anche, indirettamente, i diritti patrimoniali degli eredi, costituendo le suddette attività scolastiche sia un modo di dibattere pubblicamente e liberamente sulle opere d'arte, sia una forma di pubblicità, spesso anche di alto livello, concessa in forma del tutto gratuita.

La Siae ha operato una richiesta di pagamento di diritti d'autore basandosi su quanto stabilito dall'art. 13 della legge sul Diritto d'Autore (n. 633/1941): "Il diritto esclusivo di riprodurre ha per oggetto la moltiplicazione in copie dell'opera con qualsiasi mezzo, come la copiatura a mano, la stampa, la litografia, l'incisione, la fotografia, la fonografia, la cinematografia ed ogni altro procedimento di riproduzione".

Senza tener conto di quanto stabilito dall'art. 70: "Il riassunto, la citazione o la riproduzione di brani o di parti di opera, per scopi di critica, di discussione e anche d'insegnamento, sono liberi nei limiti giustificati da tali finalità e purché non costituiscano concorrenza alla utilizzazione economica dell'opera".

Gli "scopi di critica, di discussione e anche d'insegnamento" perseguiti dal sito homolaicus.com sono evidenti anche ad un esame superficiale. Il sito in oggetto è di tipo didattico-culturale e non ha alcunché di commerciale che possa ledere gli interessi degli eredi patrimoniali degli artisti in questione. Anzi semmai favorisce questi stessi interessi, offrendo motivazioni dettagliate per la valorizzazione di determinate opere d'arte.

E in ogni caso è insostenibile la posizione della Siae secondo cui vi è molta più differenza tra area privata, in cui è possibile collocare immagini protette senza pagarne i diritti, e area pubblica, in cui i diritti vanno comunque pagati, a prescindere dall'utilizzo che se ne può fare, di quanta invece non ve ne sia tra sito commerciale (avente scopo di lucro) e sito didattico-culturale (privo di alcun scopo di lucro).

Peraltro le immagini statiche, usate a scopo illustrativo, riproducenti talvolta per intero, talvolta particolari di opere pittoriche di artisti contemporanei, sono tutte in formato jpeg, di risoluzione largamente inferiore allo standard VGA (640 x 480 pixel).

Immagini digitali di opere dell'arte figurativa visualizzabili sugli attuali comuni PC (e quindi di profondità di colore massima 24 bit), di risoluzione inferiore allo standard VGA (640 x 480 pixel), e a maggior ragione le stesse immagini compresse in formato jpeg, non possono essere considerate "copie": certamente non dell'opera originale, ma nemmeno delle riproduzioni fotografiche originali da cui sono state tratte, riprese con tecniche fotografiche utilizzate da fotografi d'arte professionisti ed atte a finalità commerciali.

Le immagini jpeg devono essere considerate come riproduzioni parziali delle foto originali (o, più precisamente: assemblaggio di una piccolissima percentuale di parti della foto, prese a campione) atte esclusivamente ad illustrare l'aspetto generale e la struttura dell'opera d'arte, e in quanto tali di libero uso ai fini previsti dall'art. 70 della Legge sul Diritto d'Autore.

Si andrà sicuramente incontro a un danno culturale incalcolabile per il web nazionale e persino mondiale, nonché per l'attività didattica e culturale dei docenti anche all'interno delle istituzioni scolastiche, se gli stessi si vedranno costretti, di punto in bianco, a chiudere i loro siti o a rimuovere i loro ipertesti, non potendo sostenere le spese per i diritti o per le cause giudiziarie intentate loro dalla Siae.

Si chiede dunque che gli insegnanti vengano equiparati alle categorie che possono beneficiare gratuitamente di opere artistiche per il loro uso professionale, senza fini di lucro.

**Petizione "No copyright sulla cultura gratuita"**

**Prima la moratoria, poi la liberatoria!**

La Siae ha iniziato a colpire i siti che producono informazione, formazione e cultura senza scopo di lucro.

Pretende diritti d'autore su opere artistiche inferiori ai 70 anni di vita, senza fare alcuna differenza tra siti commerciali e non commerciali.

Si rifà alla legge n. 633 del 1941, a più riprese modificata sino alla legge n. 128 del 2004.

Questa legge non tiene in alcuna considerazione la tipologia di realizzazione e di sviluppo della rete Internet, nata allo scopo di creare un patrimonio comune d'informazione, di formazione e di scambio gratuito di materiali culturali.

La Siae vuole applicare al web le stesse regole della vita reale, dell'editoria cartacea e dell'espressività artistica tradizionale.

La Siae minaccia la chiusura del web artistico e culturale del nostro paese, con grave danno d'immagine per l'intera rete mondiale.

Se chi produce e fa fruire gratuitamente cultura deve sottostare alle stesse regole della vita reale, è necessario che gli si offra una moratoria di almeno un anno, per potersi mettere in regola.

Ma più in generale va affermato il principio che la cultura prodotta e offerta gratuitamente, liberamente e pubblicamente non può sottostare ad alcuna forma di copyright, né per se stessa né per i materiali che utilizza, salvo la citazione della fonte.

A tale scopo sarebbe sufficiente ottenere da parte della Siae o dello stesso autore dell'opera o dei suoi eredi, una liberatoria che attesti il diritto di esporre pubblicamente, a titolo gratuito, la propria opera culturale, in quanto essa non viola né la dignità morale né l'ingegno creativo dell'artista, e neppure i diritti patrimoniali dei suoi eredi.

Siamo infatti fermamente convinti che una produzione culturale critica, debitamente motivata e argomentata, non fa che esaltare la memoria dell'artista e, indirettamente, il valore commerciale delle sue opere.

Il produttore di cultura, l'utilizzatore di opere artistiche a titolo gratuito deve semplicemente essere tenuto a citare la fonte di riferimento delle stesse.

Vogliamo che queste regole vengano ratificate in una legge nazionale ed europea.

# Interrogazioni parlamentari

## I

SENATO DELLA REPUBBLICA

Interrogazione a risposta scritta

Ai ministri della Giustizia, della Pubblica Istruzione, dei Beni e attività culturali

Premesso che:
l'ufficio Arti Figurative della Siae ha inoltrato varie denunce, con richiesta di ingenti somme pecuniarie, al sig. Enrico Galavotti, insegnante di Cesena, autore di ipertesti pubblicati su sito Internet di didattica e cultura non profit di Cesena www.homolaicus.com, da lui realizzato e gestito attivamente da un decennio; Galavotti (meglio conosciuto in rete col nick di Galarico) è uno dei fondatori del web didattico nazionale, ed è stato denunciato per l'utilizzo di immagini digitali riproducenti 74 dipinti protetti dai diritti d'autore;

la decisione della Siae induce a forti preoccupazioni per l'aver introdotto un precedente che potrebbe avere forti ripercussioni negative sull'operato di tutti quegli insegnanti autori di siti Internet e divulgatori di preziosi materiali didattici e culturali; la Siae, infatti, applicando in maniera distorta una legge le cui origini risalgono all'anteguerra (legge del 22/4/1941, n. 633 e successivamente adeguata con la cosiddetta "Legge Urbani" - legge 22 maggio 2004, n. 128) e non individuando alcuna differenza tra uso didattico-formativo-istituzionale e uso commerciale, pretende il pagamento di cifre rilevanti relative a diritti d'autore su opere protette realizzate da artisti viventi o scomparsi da meno di 70 anni;

in particolare la Siae, applicando impropriamente solo ed esclusivamente l'art. 3 della legge 633 del '41, sostiene discrezionalmente che l'utilizzazione, anche parziale, di un'opera costituisca lesione del diritto morale dell'autore e che la riproduzione non autorizzata delle opere in questione leda gli esclusivi diritti patrimoniali che la legge riconosce a quest'ultimo; al tempo stesso la Siae trascura, però, l'applicazione dell'art. 70 della stessa legge del '41, che prevede massima libertà per l'uso di immagini a scopo didattico non commerciale e di insegnamento senza finalità di lucro, a patto di citare la fonte (cosa che è avvenuta regolarmente nel sito in questione);

sono innumerevoli le conseguenze dirette che si potranno verificare interpretando in maniera distorta la norma:

- qualsiasi sito scolastico o blog didattico che utilizza per puro scopo didattico file sonori, immagini protette, citazioni d'autore, rischia ingenti sanzioni e quindi la chiusura immediata;
- le rappresentazioni teatrali, i saggi di fine anno caratterizzati da sottofondi musicali alla presenza di pubblico o dei genitori diverrebbero insostenibili dal punto di vista economico;
- la realizzazione di cd rom didattici e la creazione di ipertesti risulterebbe estremamente costosa;
- la libertà didattica e le specifiche competenze professionali degli insegnanti ne risulterebbero pesantemente condizionate;

il comportamento della Siae, in sostanza, appare limitare fortemente la funzione formativa della Scuola e la libertà didattica degli insegnanti; a tale proposito, si fa presente che la legislazione statunitense sul *fair use*, permette di pubblicare materiali sotto copyright senza autorizzazione, purché vi siano fini e intenti educativi; il principio del *fair use*, infatti, rende i lavori protetti dal diritto d'autore disponibili al pubblico come materiale grezzo senza la necessità di autorizzazione, a condizione che tale libero utilizzo soddisfi le finalità della legge sul diritto d'autore, che la Costituzione degli Stati Uniti d'America definisce come promozione "del progresso della scienza e delle arti utili"; la dottrina tenta in questo modo di equilibrare gli interessi dei titolari di diritti individuali con i benefici sociali o culturali che derivano dalla creazione e dalla distribuzione dei lavori derivanti;

si chiede di sapere:

se i ministri in indirizzo non ritengano opportuno - attraverso specifici provvedimenti legislativi - esentare gli insegnanti, nell'ambito della propria specifica funzione educativa, formativa e didattica, dall'osservanza del copyright, operando essi in un contesto palesemente senza fini di lucro e di alta utilità sociale;

se non ritengano opportuno introdurre anche in Italia, in materia di diritto d'autore, il principio del "fair use".

Roma, 05/02/2007
Sen. Mauro Bulgarelli
banchedati.camera.it

**Risposta a questa interrogazione**

Atto Senato

Risposta scritta pubblicata nel fascicolo n. 047 all'Interrogazione 4-01271 presentata da Bulgarelli.

Per quanto di competenza, questa amministrazione chiarisce quanto segue:
a) quanto all'opportunità di esentare dall'osservanza del copyright "gli insegnanti, nell'ambito della propria specifica funzione educativa, formativa e didattica, operando essi in un contesto palesemente senza fini di lucro e di alta utilità sociale", si fa presente che l'articolo 70 legge sul diritto d'autore prevede che il riassunto, la citazione, la riproduzione di brani o parti di opera sono liberi se effettuati per uso di critica o discussione nei limiti giustificati da tali fini e purché non costituiscano concorrenza con l'utilizzazione economica dell'opera. Inoltre, la norma chiarisce che le operazioni sopra esemplificate (riassunto, citazione e riproduzione dell'opera o di sue parti) quando effettuate per fini d'insegnamento o di ricerca scientifica devono avvenire per finalità illustrative e non commerciali. Inoltre, le dette operazioni (riassunto, riproduzione e citazione) debbono essere sempre accompagnati dalla menzione del titolo dell'opera, dei nomi dell'autore, dell'editore e, se si tratta di traduzione, del traduttore, qualora tali indicazioni figurino sull'opera riprodotta.

L'applicazione dei principi dell'articolo 70 sopra ricordati, rivestendo tale norma carattere di eccezionalità rispetto alla generale regola del diritto al compenso scaturente dallo sfruttamento di opera altrui è di stretta interpretazione e, in tal senso, si è sempre orientata la giurisprudenza. Ne consegue perciò che, in difetto anche di uno solo dei presupposti dettati dalla norma, la fattispecie di utilizzazione rientra nell'ipotesi generale di cui all'articolo 3.

Ciò premesso, la richiesta inviata dall'Ufficio arti figurative sezione opere letterarie e arti figurative della Direzione generale della Siae al titolare del sito Internet homolaicus.com era tesa al recupero dei diritti di riproduzione per avere il sito pubblicato, per un lungo periodo di tempo, opere appartenenti al repertorio delle arti figurative amministrato dalla Siae. L'ente ha riferito di aver proceduto, nel caso di specie, all'ordinaria applicazione della normativa vigente in quanto non ricorrevano in tal caso i presupposti previsti dal richiamato articolo 70 per l'esenzione. Più specificamente, l'utilizzazione nel citato sito web di opere dell'arte figurativa intere o per parti significative di esse è stata ritenuta suscettibile di creare concorrenza all'ordinaria utilizzazione economica dell'opera, trattandosi di un sito accessibile a tutti i navigatori della rete indistintamente e nel quale sono presenti anche espliciti messaggi di promozione commerciale che sono stati letti dall'ente competente come segni di una finalità commerciale del sito seppur di tipo indiretto o collaterale.

b) quanto poi all'opportunità di "introdurre anche in Italia, in materia di diritto d'autore, il principio del *fair use*, si fa presente che a seguito dell'entrata in vigore del decreto legislativo 9 aprile 2003, n. 68, recante "Attuazione della direttiva 2001/29/CE sull'armonizzazione di taluni aspetti del diritto d'autore e dei diritti connessi nella società dell'informazione", è stato modificato l'articolo 70 della legge sul diritto d'autore. Pertanto, il testo oggi vigente di tale disposizione, che è quello sopra sintetizzato, riproduce nella sostanza la disciplina statunitense sul *fair use*. Infatti, i quattro elementi che caratterizzano tale disciplina, come rinvenienti nella *Section* 107 del *Copyright Act*, e cioè: - finalità e caratteristiche dell'uso (natura non commerciale, finalità educative senza fini di lucro); - natura dell'opera tutelata; - ampiezza ed importanza della parte utilizzata in rapporto all'intera opera tutelata; - effetto anche potenzialmente concorrenziale dell'utilizzazione, ricorrono a ben vedere anche nell'articolo 70 della legge sul diritto d'autore.[12]

Pertanto, a giudizio di questa amministrazione l'ordinamento civile italiano in materia del diritto d'autore risulta oggi conforme, negli assetti fondamentali, non solo a quello degli altri paesi dell'Europa continentale ma anche a quello dei Paesi dell'area del copyright anglosassone.

Il Sottosegretario di Stato per i beni e le attività culturali
Andrea Marcucci - banchedati.camera.it

## II

CAMERA DEI DEPUTATI

Interrogazione a risposta scritta
Al Ministro della Pubblica Istruzione
Al Ministro per i Beni e le Attività Culturali
Al Ministro delle Comunicazioni

---

[12] Si noti come questa risposta non colga la vera differenza tra *fair use*, previsto nel Titolo 17, § 107, del *Copyright Act* e l'art. 70 della L. 633, che è sempre stato interpretato dalla nostra giurisprudenza in maniera restrittiva. Siae e Agcom sono del tutto contrarie al *fair use*. Peraltro persino gli statunitensi danno pareri opposti: p.es. Google ritiene lecita la riproduzione di stralci consistenti in qualche pagina di testi sotto copyright; Microsoft invece è contraria.

Per sapere, premesso che
- la creazione e l'uso in Internet di siti didattici e culturali a libero accesso si sta diffondendo sempre più nelle scuole tra le comunità di docenti e di studenti;
- tali siti non sono di natura commerciale;
- da diverse segnalazioni ricevute (ad es. per il sito www.homolaicus.com) risulta che la Siae richiede il pagamento dei diritti d'autore per l'uso di alcune immagini utilizzate in ipertesti didattici sulla base della legge 22 aprile 1941, n. 633 modificata con legge 22 maggio 2004, n. 128, non individuando essa alcuna differenza tra uso didattico-formativo-culturale-istituzionale e uso commerciale;
- l'art. 70 della citata legge 633 prevede la possibilità di citazione o riproduzione di brani o parti di opera e la loro comunicazione al pubblico se effettuati per uso di critica, di discussione e d'insegnamento, nei limiti giustificati da tali fini e purché non costituiscano concorrenza all'utilizzazione economica dell'opera e che, se effettuati a fini di insegnamento o ricerca scientifica, l'utilizzo deve avvenire per finalità illustrative e per fini non commerciali;
- citare vuol dire anche riprodurre immagini in modo incompleto o degradato (come ad esempio nel caso delle risoluzioni adottate negli ipertesti didattici sugli attuali computer con il formato jpeg), quindi la Siae dovrebbe distinguere tra copie identiche dell'opera, non ammesse, e citazioni delle stessa, ammissibili per legge;
- secondo l'art. 90 della suddetta legge la riproduzione è considerata abusiva quando la foto originale riporta nome del fotografo (o ditta), data, nome dell'autore dell'opera d'arte fotografata, ma non lo è se mancano tali indicazioni;
- la soluzione spesso proposta dalla Siae ai docenti (mettere "sotto chiave", in area riservata gli ipertesti didattici) non è utile, perché rende inefficace e spesso anche inefficiente l'utilizzo degli stessi siti;
- esiste una petizione organizzata da Altroconsumo, associazione per la difesa dei consumatori (altroconsumo.it) per una modifica della legge sul diritto d'autore, basata sull'idea che la condivisione di opere multimediali, resa possibile da Internet, sia un'occasione di crescita sia del singolo che della collettività;
- nella nostra legislazione è assente il concetto di "Fair Use" o "equo utilizzo" presente invece nella legislazione degli USA, che permette di pubblicare materiali sotto copyright senza autorizzazione, purché a certe condizioni ben definite (eccezioni ai diritti d'autore o diritti connes-

si); ogni Paese dovrebbe promuovere il diritto di accesso all'informazione come bene comune mondiale, anche alle fasce di utenza svantaggiate:

- se i Ministri interrogati non ritengano che il principio della libera fruizione dei materiali didattici sia un presupposto che garantisce l'accesso democratico al sapere e che quindi vada salvaguardato in modo particolare;

- se non ritengano necessario, considerata la nuova situazione dovuta all'utilizzo di Internet anche nel mondo della scuola, adoperarsi affinché venga modificata la normativa esistente in modo che siano ben differenziati i comportamenti da seguire nel caso di siti culturali e in quello dei siti commerciali, adottando per la scuola, nell'ambito della propria e specifica funzione educativa, formativa e didattica, i presupposti del "Fair Use";

- se non ritengano necessario adoperarsi affinché venga fornita agli insegnanti un'adeguata informazione sugli aspetti giuridici della gestione dei siti Internet;

- se non ritengano necessario, in attesa di modifiche legislative, invitare la Siae ad una moratoria di almeno un anno per consentire ai docenti, e a quanti gestiscono siti culturali senza scopo di lucro, di controllare i loro patrimoni digitali rispetto all'elenco di artisti le cui opere sono oggetto di tutela.

On. Anna Maria Cardano

Roma, 8 febbraio 2007 - banchedati.camera.it

### III

CAMERA DEI DEPUTATI

Interrogazione a risposta scritta 4-02559 presentata da Luana Zanella lunedì 12 febbraio 2007 nella seduta n. 107.

Zanella. - Al Ministro delle comunicazioni, al Ministro della pubblica istruzione, al Ministro della giustizia, al Ministro per i beni e le attività culturali.

Per sapere, premesso che:

recentemente l'ufficio Arti Figurative della Siae ha denunciato l'autore di ipertesti pubblicati su un sito Internet di didattica e cultura non profit di Cesena (www.homolaicus.com), realizzato e gestito attivamente da un decennio dall'insegnante di Cesena Enrico Galavotti, uno dei fondatori del web didattico nazionale (meglio conosciuto in rete col nick di Galarico), per l'utilizzo di 74 dipinti-immagini digitali di pittori protette dai diritti d'autore, con richiesta di ingenti somme pecuniarie;

la Siae infatti, applicando una legge le cui origini risalgono all'anteguerra (legge del 22 aprile 1941, n. 633 e successivamente adeguata con la cosiddetta "legge Urbani" - legge 22 maggio 2004, n. 128) e non individuando alcuna differenza tra uso didattico-formativo-istituzionale e uso commerciale, pretende il pagamento di cifre rilevanti relative a diritti d'autore su opere protette realizzate da artisti viventi o scomparsi da meno di 70 anni;

in particolare la Siae (applicando solo ed esclusivamente l'articolo 3 della legge n. 633 del 1941) sostiene discrezionalmente che l'utilizzazione, anche parziale, di un'opera costituisce lesione del diritto morale dell'autore e che la riproduzione non autorizzata delle opere in questione lede gli esclusivi diritti patrimoniali che la legge riconosce agli stessi;

al tempo stesso la Siae trascura l'applicazione dell'articolo 70 della stessa legge del 1941, che prevede massima libertà per l'uso di immagini a scopo didattico non commerciale e di insegnamento senza finalità di lucro, a patto di citare la fonte (cosa che è avvenuta regolarmente nel sito in questione);

questo precedente può causare eventuali ripercussioni negative - a livello nazionale - nei confronti degli insegnanti telematici, autori di siti Internet con preziosi materiali didattici e culturali, ad esempio: interpretando in questa maniera la norma, qualsiasi sito scolastico o blog didattico che utilizza per puro scopo didattico file sonori, immagini protette, citazioni d'autore, rischia ingenti sanzioni e quindi la chiusura immediata e la libertà didattica e le specifiche competenze professionali degli insegnanti ne risultano condizionate fortemente;

questo comportamento della Siae, pertanto, limita fortemente la funzione formativa della scuola e la libertà didattica degli insegnanti e dello stesso web:

- se il Governo non ritenga necessario, anche per la promozione della cultura nel nostro Paese, salvaguardare quelle realtà, scolastiche e non, che abbiano chiari e dimostrabili intenti formativo-educativi e che non traggano profitto economico dall'utilizzo di tali immagini/testi dei quali vengano puntualmente citate le fonti, esentandole attraverso opportuni provvedimenti e iniziative dal pagamento del Copyright, in modo che la loro funzione formativa e didattica non sia limitata da questioni di ordine economico che non li riguarda. (4-02559)

Roma, 12 febbraio 2007

Luana Zanella - banchedati.camera.it

**Risposta alle due ultime interrogazioni**

Atto Camera

Risposta scritta pubblicata venerdì 26 ottobre 2007 nell'allegato B della seduta n. 232 all'Interrogazione 4-02516 presentata da Cardano e Zanella.

In relazione alle perplessità manifestate dagli interroganti ed ai quesiti dagli stessi formulati, questa Amministrazione, per quanto di sua competenza, chiarisce quanto segue:
in merito al quesito "se i ministri interrogati non ritengano che il principio della libera fruizione dei materiali didattici sia un presupposto, che garantisce l'accesso democratico al sapere e che quindi vada salvaguardato in modo particolare", si fa presente che la legge sul diritto d'autore al capo V, titolo II, prevede casi tassativi di libera utilizzazione delle opere dell'ingegno, che derogano alla regola generale del diritto al compenso scaturente dallo sfruttamento di opera altrui, ogni qualvolta è ravvisabile un prevalente interesse pubblico e siano rispettate determinate condizioni di utilizzo. In questo modo la legge opera un contemperamento tra opposti interessi: da un lato l'interesse dell'autore allo sfruttamento economico dell'opera del suo ingegno quale diritto ad un giusto compenso per lo sforzo creativo, dall'altro l'interesse pubblico alla libera utilizzazione di quelle opere che sono in grado di produrre benefici sociali o culturali per la collettività e che devono poter essere liberamente fruibili per finalità di discussione e di insegnamento. Pertanto, la legislazione italiana, attraverso la legge sul diritto d'autore, assicura e garantisce l'accesso libero alla conoscenza ed al sapere;
in merito al quesito "se il Governo non ritenga necessario, anche per la promozione della cultura nel nostro paese, salvaguardare quelle realtà scolastiche e non ... esentandole ... dal pagamento del copyright..." si ripete, in questa sede, quanto già espresso sul medesimo quesito posto dal senatore Bulgarelli e cioè che l'articolo 70 della legge sul diritto d'autore consente la citazione, il riassunto o la riproduzione di brani o di parti di opera e la loro comunicazione al pubblico liberamente se effettuati per uso di critica o di discussione, nei limiti giustificati da tali fini e purché non costituiscano concorrenza all'utilizzazione economica dell'opera. Se le attività sopra menzionate (la citazione, il riassunto, la riproduzione) sono effettuate per fini di insegnamento o di ricerca scientifica, l'utilizzo

deve inoltre avvenire per finalità illustrative e per fini non commerciali. In ogni caso, è dovuta la menzione del titolo dell'opera, dei nomi dell'autore, dell'editore e, se si tratta di traduzione, del traduttore, qualora tali indicazioni figurino sull'opera riprodotta. Si precisa, inoltre, che l'eccezione di cui all'articolo 70, alle condizioni in esso previste e sopra riferite, trova applicazione non solo nel mondo fisico ma anche nel mondo virtuale. Infatti, l'articolo 70 è stato recentemente modificato dal decreto legislativo 9 aprile 2003, n. 68 recante "Attuazione della direttiva 2001/29/CE sull'armonizzazione di taluni aspetti del diritto d'autore e dei diritti connessi nella società dell'informazione" proprio al fine di adeguare le norme vigenti con il progredire della società moderna;

in merito all'opportunità di "adoperarsi affinché venga modificata la normativa esistente... adottando per la scuola... i presupposti del Fair Use" anche su questo punto si ribadisce quanto fatto presente in risposta al senatore Bulgarelli e cioè che il testo oggi vigente dell'articolo 70 della legge sul diritto d'autore riproduce nella sostanza la disciplina statunitense sul fair use. Infatti, i quattro elementi che caratterizzano tale disciplina, come rinvenienti nella *Section* 107 del *Copyright Act*, e cioè: 1) finalità e caratteristiche dell'uso (natura non commerciale, finalità educative senza fini di lucro); 2) natura dell'opera tutelata; 3) ampiezza ed importanza della parte utilizzata in rapporto all'intera opera tutelata; 4) effetto anche potenzialmente concorrenziale dell'utilizzazione, ricorrono a ben vedere anche nell'articolo 70 della legge sul diritto d'autore. Pertanto, si ritiene che la disciplina sul diritto d'autore prevista dall'ordinamento giuridico italiano sia conforme, negli assetti fondamentali, alla disciplina dei paesi dell'area anglosassone.

Sull'opportunità di "adoperarsi affinché venga fornita agli insegnanti un'adeguata informazione sugli aspetti giuridici della gestione di Internet" si fa presente che il Ministero della pubblica istruzione, competente in materia, ha reso noto con una propria nota che "fornirà adeguate istruzioni affinché, in sede di attività di formazione ed aggiornamento del personale scolastico la materia dell'accesso ad Internet nelle sue diverse implicazioni tecniche e giuridiche sia oggetto di approfondimento e di conoscenza";

infine circa l'opportunità di "invitare la Società italiana autori ed editori (Siae) ad una moratoria di almeno un anno per consentire ai docenti ed a quanti gestiscono siti culturali senza scopo di lucro, di controllare i loro patrimoni digitali rispetto all'elenco di artisti le cui opere sono oggetto di tutela", si ribadisce che è libero l'uso, in tali siti, delle opere protette, purché ciò avvenga per finalità illustrative o didattiche e non commerciali e purché non dia luogo, per le modalità con cui è gestito il sito (es. il sito non deve contenere messaggi pubblicitari e deve essere accessibile ad una fascia ristretta di navigatori), a concorrenza rispetto all'utilizzazione economica delle opere.

Il Sottosegretario di Stato per i beni e le attività culturali: Andrea Marcucci - banchedati.camera.it

**Commento alle risposte**

**Il Governo risponde alle interrogazioni sul caso Siae - Homolaicus**[13]

La controversia in atto fra il professor Enrico Galavotti e la Siae potrebbe aver raggiunto una svolta decisiva: le risposte alle interrogazioni parlamentari sulla riproduzione delle opere d'ingegno a scopo didattico riservano non poche sorprese.

Abbiamo già parlato del caso di Enrico Galavotti (vedi anche la discussione sul Forum), informato dalla Siae a pagare i compensi derivanti dai diritti di riproduzione di opere protette da copyright. La questione è molto controversa e anche molto seguita, perché potrebbe generare un importante precedente nella legislazione italiana, e probabilmente "fare scuola".

Le risposte alle interrogazioni parlamentari recentemente emesse potrebbero aiutare a far luce su alcuni punti chiave della vicenda.

Da un lato c'è la ben nota posizione della Siae, che si erge a paladina della difesa dei diritti degli autori, soprattutto nell'ottica di evitare che venga snaturato il senso delle opere d'ingegno o che venga fatta loro della sleale concorrenza. Più che giusto: per esempio copiare a scopo di lucro il "Codice Da Vinci" cambiando solo il finale, o utilizzarne ampie parti per fomentare l'antisemitismo sono azioni (oltre che deprecabili) da perseguire civilmente e penalmente.

D'altra parte c'è da considerare l'impegno profuso da chi, a scopo di studio, discussione, documentazione o insegnamento spende larga parte del suo tempo, gratuitamente, per creare pagine divulgative o a "uso didattico, formativo o istituzionale". Trattasi di intenti lodevoli, degni di grande incoraggiamento e (perché no?) di sperticate lodi, specie in tempi in cui la cultura con la C maiuscola soffre di un forte tentativo di monetizzazione.

---

[13] Veronica Ciarumbello, in Olimpo Informatico www.zeusnews.it 07-11-2007

Le risposte alle interrogazioni parlamentari potrebbero dare una svolta decisiva alla controversia in atto fra Davide e Golia, pardon, fra Enrico Galavotti e Siae.

In sostanza Camera e Senato, analizzando le interrogazioni (punto per punto), hanno ribadito la non necessità di un adeguamento della legislazione vigente secondo il principio dell'americano *fair use*, perché ritengono che la libera riproduzione per finalità illustrative e didattiche sia già sufficientemente garantita.

Il nodo gordiano della questione, rimesso alla discrezionalità della giurisprudenza (dal momento che "la generale regola del diritto al compenso scaturente dallo sfruttamento di opera altrui è di stretta interpretazione"), non è stato sciolto.

Non è stata tracciata, purtroppo, una ben rimarcata linea di confine fra l'uso commerciale e l'uso non commerciale di un'opera di ingegno; i proventi derivanti da un banner pubblicitario sono equiparabili a quelli della vendita di un periodico?

Non sono state chiarite delle linee guida per poter identificare in maniera univoca ciò che è a uso didattico: la qualifica di docente potrebbe essere atta allo scopo, ma potrebbe anche rivelarsi un'arma a doppio taglio, impedendo a chi - per passione e per conoscenza diretta della materia - volesse liberamente diffondere le proprie conoscenze pur non avendone il titolo.

Infine è stato rimarcato un aspetto alquanto inquietante, che forse è passato troppe volte sotto silenzio: l'accesso indiscriminato al materiale didattico da parte di tutti gli utenti della rete (e non solo a una cerchia ristretta di utenti, quali per esempio un gruppo di studenti) è condizione vincolante per il libero utilizzo di un'opera d'ingegno. In sostanza, se tutti possono consultare quel materiale, è obbligatorio pagare delle royalties, indipendentemente dal numero reale di accessi per consultazione del materiale stesso.

Il problema fondamentale è e rimane l'assenza di senso civico e la scarsa conoscenza delle leggi che caratterizza il 90% degli italiani. Prima della massiccia diffusione degli strumenti informatici, infatti, tutti gli studenti sono cresciuti con l'errata convinzione di poter ricalcare la fotografia della propria opera d'arte preferita, fotocopiarla e regalarla a conoscenti, amici, e parenti (e magari raggranellare qualche mancetta da questi ultimi!).

Sono cresciuti pensando che non ci fosse niente di male nel portare a scuola il mangianastri e mettere la musica a tutto volume durante le feste scolastiche.

Sono stati educati a credere che una ricerca scolastica consistesse nel fotocopiare il materiale dai libri che avevano in casa, che trovavano in biblioteca o che prendevano in prestito dagli amici più grandi, per poi fare la collezione dei testi, il collage delle immagini e presentare la propria opera ai più disparati concorsi.

Gli studenti di ieri, e cioè gli adulti di oggi, non riescono a percepire la differenza sostanziale fra l'antico e l'odierno approccio alla didattica: per loro è semplicemente cambiato lo strumento, e le normative dovrebbero essersi adeguate di conseguenza. Ma la legge non ammette ignoranza.

### NB di Enrico Galavotti

Si sostiene nella risposta che il *fair-use* già esiste implicitamente nell'attuale legge sul diritto d'autore, ma in Italia è cosa concessa in via del tutto eccezionale (p. es. ai giornalisti).

Non si dà alcuna definizione certa di "sito commerciale" (per cui al limite possono bastare gli ad-sense di Google a renderlo tale).

Si conferma la tesi-Siae secondo cui il docente che usa gratuitamente materiale protetto deve metterlo sotto chiave o comunque deve dimostrare, in un sito del tutto gratuito, che non lede i diritti commerciali di chicchessia (cioè in sostanza autori, eredi, editori e Siae).

Non si dice una sola parola sull'uso di immagini degradate come le jpeg.

Si rifiuta infine la richiesta di moratoria di un anno per sistemare i siti didattico-culturali.

# Considerazioni

### Editori a titolo diverso

Giorgio Assumma, presidente della Siae, ha scritto sul "Sole24ore" dell'8 febbraio scorso che Kant "sentiva già l'esigenza di un diritto d'autore nei confronti del proprio editore". È vero, ma non avrebbe mai considerato i propri studenti, che si fossero passati gratuitamente gli appunti delle sue lezioni, alla stregua di "editori" da perseguire civilmente.

Nessuno mette in dubbio che un autore debba tutelarsi nei confronti di editori che si appropriano del suo ingegno creativo e intellettuale, senza riconoscergli alcunché. Ma non saper distinguere tra un editore senza scrupoli, che fa del business la propria ragione di vita, e un editore amatoriale, che da semplice webmaster di un sito didattico-culturale, pubblica gratuitamente in rete ipertesti multimediali, è grave.

Il web non è solo un "mercato" e i webmaster non sono tutti "editori" paragonabili a quelli del mondo cartaceo, filmico o musicale. Non ha senso trasporre meccanicamente in rete una situazione tipica della società reale. L'averlo fatto - come nel caso del mio sito homolaicus.com lascia pensare che si voglia in realtà "colpire" il web non commerciale, cercando di estorcergli quanto più possibile.

Se la Siae sta perdendo introiti dalla pirateria informatica, non può prendersela con chi dalla rete, mettendo in chiaro ipertesti culturali, ricava solo immagine, visibilità, ma nulla di commerciale.

Considerare poi le immagini usate in rete, in quel formato jpeg, che è quanto di più precario si possa pensare ai fini della riproduzione fedele di un originale, attesta eloquentemente in quali difficoltà interpretative oggi si muova la dirigenza Siae.

### I diritti della cultura e i rovesci della Siae

A che titolo la Siae è in grado di dire che un docente, un operatore culturale, un webmaster viola, con le proprie realizzazioni ipertestuali o multimediali, il diritto e persino la dignità morale di un artista?

Chi sono i critici d'arte che lavorano per la Siae e che possono sostenere che un ipertesto dedicato a Picasso è un'opera volgare, triviale, offensiva del grande cubista? Eppure la raccomandata che l'Ufficio Arti Figurative mi ha spedito, parla chiaro.

E se quest'opera non lede la dignità morale dell'artista, ma anzi la esalta, mettendone in rilievo la forza creativa, l'ingegno intellettuale, a che titolo la Siae sostiene ch'essa viola i diritti patrimoniali dell'artista e dei suoi eredi?

Chiunque è in grado di capire che quando si apprezza il lato morale e intellettuale di un artista e soprattutto il suo genio creativo, s'incrementa, indirettamente, anche il valore economico delle sue opere. Quanto maggiori e importanti sono gli ipertesti didattici e culturali che esaminano determinate opere, tanto maggiori saranno le loro quotazioni in aste, gallerie, cataloghi, mostre, musei...

Dunque perché prendersela con chi dà lustro, in tutto il mondo, al web artistico? Perché attaccare chi fa a titolo gratuito un'operazione del genere, che in definitiva favorisce i diritti non solo degli artisti e dei loro eredi ma persino quelli della Siae. Dove sono gli eredi di Picasso, di Kandinsky, di Klee e dei Futuristi italiani che desiderano "penalizzare" chi mette in risalto il genio estetico, creativo dell'umanità?

Comportandosi così, la Siae procura un danno incalcolabile alla libera fruizione della cultura, mortifica il valore artistico del nostro paese e del mondo intero ("web" infatti vuol dire "pianeta"), danneggia persino gli interessi degli eredi.

Quando arrivano certe "raccomandate" la coscienza impone a noi docenti il dovere morale e civile di non considerarle una mera "questione personale". Attaccando un singolo docente si minaccia tutta la categoria, si scuote il web nazionale dalle fondamenta, essendo stati infatti i docenti i primi a crearlo e a svilupparlo.

Chiediamo dunque ai dirigenti Siae di ritornare sui loro passi, di dare il tempo ai docenti di controllare il loro enorme patrimonio digitale, conformemente alle esigenze di questa Società privata (la moratoria dev'essere almeno di un anno).

Chiediamo altresì al nostro Parlamento di rivedere la legge n. 633/1941 sul diritto d'autore, precisando in maniera inequivoca la differenza tra sito didattico-culturale senza fine di lucro, e sito commerciale.

Chiederemo infine alla stessa Siae, una volta approvate le modifiche della legge, una liberatoria a titolo gratuito per tutte le nostre opere telematiche che possono contenere oggetti sotto tutela, in modo che nessuno possa rivendicare alcunché. Quello che si offre a titolo gratuito deve restare patrimonio libero dell'umanità: quindi non solo non va penalizzato, ma va anche difeso.

**L'arte e l'arte di far soldi**

La prima raccomandata dell'Ufficio Arti Figurative della Siae in sostanza m'accusava d'aver violato coi miei ipertesti didattico-culturali il diritto morale degli artisti e soprattutto i diritti patrimoniali degli eredi. E mi si minacciava di una causa sia penale che civile.

Non si specificavano né le immagini in questione né la metodologia adottata per conteggiare gli importi. Si faceva soltanto riferimento, in modo generico, alle tabelle 7.2 e C-1 che non riguardavano gli intestatari "fisici" ma "giuridici" dei domini (tabelle che peraltro non coincidevano con quelle ufficiali presenti nel loro sito, ferme al giugno 2004).

Ora, poiché migliaia docenti erano nelle mie stesse condizioni, mi sono sentito in dovere di lanciare un allarme in rete, evitando di considerare quella raccomandata una mera faccenda personale.

Il mondo della scuola sa bene che gli ipertesti didattici e culturali offrono un valore aggiunto alla rete. Con un ipertesto critico, motivato, offerto a titolo gratuito, non solo non si violano i diritti patrimoniali degli eredi ma, al contrario, li si incrementano.

Più un dipinto viene commentato, esaminato da intellettuali ed esperti e più esso nei musei, nelle aste, nelle gallerie aumenta di valore. Dovrebbero essere i docenti a fruire di royalties da parte degli eredi degli artisti.

Quanto paga un artista per essere presente in un catalogo, in una mostra, per avere una recensione da parte di un critico d'arte? Con noi invece non paga nulla, anzi beneficia di pubblicità e sponsorizzazione praticamente a tempo illimitato in uno spazio illimitato per un pubblico illimitato. Perché dobbiamo essere noi a pagargli i diritti d'autore quando non glieli pagherebbe neppure un giornalista che usasse le stesse immagini?

I nostri stessi ipertesti sono opere di ingegno creativo, eppure noi li mettiamo a disposizione di tutti. E in questo momento non siamo neppure protetti giuridicamente da chi volesse farne un uso commerciale senza chiedercene il permesso. Dunque perché questo accanimento contro degli operatori che si vogliono muovere semplicemente per il bene della cultura e della formazione libera e pubblica? Ha forse piacere un artista di essere presente solo in un sito commerciale di arte in cui accanto al suo dipinto vi è una didascalia di poche righe e l'icona del carrello?

Vi sono alcuni che vorrebbero arrivare alla conclusione che nel nostro caso dovrebbe essere il Ministero della P.I. a pagare i diritti d'autore, magari in maniera forfettaria. Io invece sostengo che i docenti dovrebbero fruire gratuitamente di una sorta di "bollino Siae", che li tuteli dalla pirateria o da un uso improprio o lucrativo dei loro materiali, e anche dalla eventualità di denunce da parte di terzi, ivi incluse le Siae di altri paesi.

È assurdo sostenere che i diritti vanno pagati da chi non trae alcun beneficio economico. A meno che qualcuno non voglia sostenere che gli ad-sense di Google trasformano un sito da didattico a commerciale, ma allora dovremmo chiarirci sul significato della parola.

In rete i siti commerciali sono quelli che "vendono" beni (materiali o immateriali) e servizi, sono quelli che fanno B2C o B2B, sono quelli che hanno carrello e partita iva, sono quelli che hanno circuiti banner a pagamento, sono quelli intestati a persone giuridiche. Da me non c'è nulla di tutto questo.

E comunque la Siae non fa differenza, se non negli importi dovuti, tra sito didattico e sito commerciale. Le loro tariffe parlano chiaro. Per cui è evidente ch'essa sta interpretando in maniera forzata la legge 633/1941 sul diritto d'autore.

**Foto sui siti italiani e diritti, la parola alla Siae**

La Siae spiega su "Punto Informatico" la richiesta di pagamento inoltrata al sito homolaicus.com, che ha scatenato polemiche, petizioni on line e interrogazioni parlamentari. Domande piccanti e risposte del direttore della divisione OLAF, Luigi Cecere.

Roma - Si è alzata molta polvere sul caso del sito homolaicus.com a cui la Siae ha richiesto il pagamento di una certa somma per l'esposizione, sulle proprie pagine didattiche, di materiale tutelato dal diritto d'autore. Un caso tirato fuori da "Punto Informatico", ripreso poi da "L'Espresso" e divenuto oggetto di una ormai celebre petizione web nonché di interrogazioni parlamentari.

D: Perché la Siae ha inviato una lettera minatoria a un sito amatoriale, non commerciale che riproduceva quadri di Matisse, Kandinskj, Picasso ecc. a scopo didattico, imponendogli dopo molti anni di pagare i diritti?

R: La lettera non era minatoria. Ricordava un principio essenziale: il lavoro altrui (l'utilizzo d'una canzone, d'un testo, d'un quadro o opera visiva tutelati ecc.) va rispettato. E quindi i diritti d'autore vanno corrisposti. Questo è l'impegno che la Siae prende con i propri aderenti e cioè con migliaia di musicisti, scrittori, autori cinematografici e teatrali, artisti visivi. La Siae poi lavora in reciprocità con le altre Società d'autori, tutelando, per reciprocità, tutti i repertori.

D: Ma scusi, il sito a cui volete far pagare il diritto d'autore è un sito didattico, gratuito, non commerciale, che non chiede alcun pagamento di abbonamenti o altro

R: Intanto il sito in questione, homolaicus, presenta pubblicità. C'è anche una sezione speciale con annunci del tipo Incontriamoci; scegli la persona giusta; Gli alberghi della Riviera romagnola (qui sfugge il nesso con Matisse a meno che non si pensi ad una raffinata analogia con la Costa Azzurra); l'appetitoso invito d'un noto salumificio. E la pubblicità è una fonte d'incasso. Anche le Tv Mediaset sono gratuite perché non si paga il canone, ma ricavano introiti dalla pubblicità. La presenza pubblicitaria le qualifica come commerciali. La stessa cosa per tutti i siti Internet che si alimentano con la presenza pubblicitaria.

D: Ma è un sito didattico. Così si strozza la diffusione della cultura

R: Se pubblico un libro con decine d'immagini tutelate, il diritto d'autore va corrisposto o no? Se il libro è distribuito gratuitamente da una nota marca di automobili, che lo fa per diffondere la cultura, gli autori che vengono utilizzati vanno remunerati o no? Aggiungo che gli editori scolastici pagano regolarmente, per i loro libri didattici, sia pure con tariffe agevolate, il diritto d'autore. Anche in questo caso la Siae ha applicato tariffe ridotte, in considerazione dell'uso culturale.

D: Ma la legge non prevede che in certi casi, si possano utilizzare liberamente le opere (letterarie, musicali ecc.) tutelate?

R: Sì, ma per ciò che riguarda brani staccati o citazioni e per una circolazione ristretta. Per esempio, un sito Internet è diverso da un sito Intranet. Insomma non si può aprire un sito Internet, che so sul teatro italiano, e diffondere gratuitamente tutte le opere per es. di Eduardo De Filippo e dire che lo si fa per diffondere la cultura teatrale.

D: Ma perché la Siae s'è svegliata adesso e se la piglia con i privati?

R: La Siae non si è svegliata adesso, ma opera da anni verifiche e monitoraggi sull'utilizzo delle opere che le sono state affidate in tutela. È un suo preciso dovere nei confronti dei propri iscritti. In quanto a pubblico e privato, il principio è sempre lo stesso e giustamente viene applicato a tutti coloro che utilizzano opere tutelate.

D: Ma il sito faceva anche un uso parziale delle immagini...

R: Infatti le manipolava. Contravvenendo a un diritto elementare degli artisti e degli autori: il diritto morale a non vedere modificata o utilizzata senza autorizzazione la propria opera. Pensate a Picasso fatto puzzle, a Matisse con colori diversi o a quelli che pretendono di abbinare per es. un quadro di Guttuso a *Mein Kampf* di Hitler o a una serie di annunci erotici. Che conta? Che vuole Guttuso? E che pretende la Siae? Internet è libero e diffonde la cultura perché quel tale abbinamento mi piace, quel quadro ci sta bene col nazismo o con i cuori solitari in ansia d'un incontro fatale. Sono moltissimi gli autori viventi o i loro eredi, le fondazioni che rifiutano una certa catalogazione delle loro opere, certi abbinamenti o anche la qualità tecnica delle riproduzioni.

D: Ma il titolare del sito sostiene di far critica, di unire alle immagini ipertesti su artisti contemporanei o scomparsi da poco.

R: Di nuovo, diritti morali e non solo. Per es. mi faccio un sito dove riproduco in tempo reale i film in circolazione e ci collego un ipertesto di lettura critica, così aiuto i film in questione: una filantropia esiziale a "scopo didattico".

D: E che ne dice di chi fa cultura senza scopo di lucro?

R: Intanto bisogna verificare se lo scopo di lucro, anche indiretto, non esiste davvero. Per esempio: concerto gratuito, pagato dallo sponsor, nel senso che lo sponsor paga i tecnici, gli strumentisti, il personale ecc. È gratuito, quindi non pago il diritto d'autore perché non ci sono i biglietti? Oppure anche gli autori delle opere eseguite hanno diritto alla loro remunerazione? Su quel palco (pagato), gli strumentisti (pagati) accompagnano un cantante (pagato) che esegue canzoni (non pagate). È chiaro che anche la canzoni eseguite andranno remunerate. Se mi approprio di cento biglietti cinematografici, senza pagarli, e li regalo ai miei amici perché si acculturino, posso dire che, siccome non c'è scopo di lucro, non devo pagare i diritti? Quando utilizzo il lavoro di un altro, qualsiasi sia lo scopo, questo lavoro va onorato e rispettato. Alla radio, alla televisione e su Internet."

punto-informatico.it - Anno XII n. 2707 (14 febbraio 2007)

**La Siae e l'arte di arrampicarsi sugli specchi**

È singolare che la Siae dica, in via preliminare, che chiunque in rete deve pagare i diritti d'autore agli artisti protetti, a prescindere dal carattere lucrativo del proprio sito, e poi, per giustificare i propri "diritti", si appelli al fatto che anche i siti didattici contengono aspetti commerciali attraverso i banner.

Questo sta semplicemente a significare che la Siae sa bene d'aver iniziato a comportarsi in rete in maniera del tutto anomala e che, nel contempo, per poter applicare al web le stesse regole della vita reale, deve necessariamente sostenere la presenza di un carattere "lucrativo" nei siti didattici.

Le affermazioni relative alle pubblicità presenti nel sito homolaicus.com detonano solo una profonda incomprensione di come funzioni il web. Le uniche inserzioni che in homolaicus rendono un minimo sono quelle di Google (i cui contenuti sono contestuali agli argomenti trattati), le altre sono tutte a scopo gratuito o di scambio banner o di pari reciprocità e visibilità, o comunque tali da non giustificare affatto alcun carattere commerciale del sito. E lo posso dimostrare in qualunque maniera.

Si dirà che la Siae non può sapere se da un circuito banner il webmaster ricava o no qualcosa. Ma a noi docenti quando mai è stato detto che un semplice circuito banner trasforma, *eo ipso*, un sito da didattico a commerciale?

La Siae è in rete da un decennio, esattamente come i docenti, e non s'è mai comportata così nei nostri confronti. Noi siamo funzionari pubblici, dipendenti di un Ministero, svolgiamo un ruolo socialmente rilevante, tutelato dalla Costituzione (non è forse anche dalla formazione che dipende il destino di un paese?). Da quando è nato il web noi docenti agiamo per il bene della didattica e della cultura e quindi anche dell'arte: fino adesso ci siamo limitati a citare le fonti e a scambiarci gratuitamente i materiali. Chi autorizza la Siae a impedirci dal continuare in questa maniera?

Noi docenti non abbiamo ricevuto disposizioni in merito dal nostro Ministro. Chiediamo anzi che intervenga con un provvedimento urgente e ci dica come comportarci. La Siae ha 80.000 artisti da tutelare, ma noi abbiamo milioni di mega da controllare.

La Siae avrebbe dovuto dare comunicazione in una conferenza stampa che aveva intenzione di interpretare la legge 633/1941 in maniera restrittiva per il web didattico e culturale e che, dopo un certo periodo di tempo, si sarebbe comportata in maniera conseguente. Tutto il detto web si sarebbe certamente messo in regola: non a caso nelle interrogazioni parlamentari è stata chiesta una moratoria.

Colpire così proditoriamente i docenti, senza alcun preavviso, mettendoli in una condizione peggiore di quegli studenti che fanno pirateria informatica e che, facendola privatamente e senza scopo di lucro, non vengono sanzionati, è stata un'azione a dir poco inqualificabile.

Peraltro nel sito della Siae, per andare a recuperare il file pdf (non esiste neppure un motore di ricerca interno) degli autori protetti, bisogna fare i salti mortali. Non hanno neppure pensato di metterlo nella home page.

Grave comunque resta l'affermazione secondo cui tutti i siti che presentano inserzioni commerciali sono commerciali. Gli ad-sense di Google si trovano su qualunque sito, ma non per questo ogni sito è dotato di p. iva, è iscritto al registro delle imprese, tiene una contabilità... Non riuscire a capire questa cosa è singolare per una Società che dispone del proprio dominio dal 1997.

Che cos'è che qualifica come "commerciale" un sito? Il fatto di vendere beni o servizi, materiali o immateriali, il fatto di avere un carrello, di fare ecommerce o business to business, nonché il fatto di poter fare tutto questo secondo le regole giuridiche previste dalla legge. Homolaicus non fa e non potrebbe fare nulla di tutto questo. Tant'è che la stessa Siae è costretta a dire che nei miei confronti è stata indotta ad applicare "tariffe ridotte, in considerazione dell'uso culturale". Il che in sostanza vuol dire che per la Siae tutti i siti, solo per il fatto di utilizzare immagini protette, diventano siti "commerciali" e che solo in subordine, in ragione dei loro contenuti culturali, possono beneficiare di sconti.

Di qui l'improprietà dell'esempio addotto per giustificare la riscossione dei diritti d'autore: "Se pubblico un libro con decine d'immagini tutelate, il diritto d"autore va corrisposto o no?". Homolaicus non è un editore che pubblica libri con immagini tutelate. Quando "pubblica" qualcosa non lo fa come "editore", a meno che per la Siae non valga l'assunto, del tutto arbitrario, che qualunque webmaster sia *ipso facto* un editore. Tutti i testi di Homolaicus sono originali e riproducibili in forma gratuita, oppure sono stati presi dalla rete in quella forma che gli americani chiamano "as is", cioè "qua talis", e se a volte vi sono state lacune nella individuazione della fonte, la cosa s'è sempre risolta amichevolmente coi diretti interessati.

Non ha poi alcun senso tecnico sostenere che le immagini usate in un sito web siano una riproduzione fedele dell'originale, quando tutti sanno che il formato jpeg è quanto di più precario si possa pensare a tale scopo, al punto che nessun "editore" si sognerebbe mai di utilizzare le immagini di un nostro ipertesto per farci un libro o un poster o una locandina. Le immagini che ho usato io sono tutte a bassa risoluzione e inutilizzabili persino per uno screensaver.

Ma ciò che più mi mortifica come uomo, come insegnante, come operatore culturale, come amante dell'arte in generale non è tutto questo: è piuttosto il fatto che si insista nel dire che mettendo nel circuito banner cose non attinenti all'arte io violo la dignità morale degli artisti.

Su questo vorrei precisare alcune cose per me molto importanti e facilmente dimostrabili: tutti gli ipertesti rimossi contenevano esclusivamente gli ad-sense di Google (non mi sarei sognato neanche lontanamente di associare - come dice il responsabile dell'Uff. Arti Figurative - "gli alberghi della Riviera romagnola" con "Matisse"). Il circuito banner appare in tutte le sezioni principali del sito, che è di tipo "generalista".

In secondo luogo l'immagine di Picasso usata nel puzzle non è stata affatto scomposta o manipolata: le tessere che si vedono sono semplicemente un effetto ottico dell'applicativo in java. E in ogni caso anche se l'avessi scomposta non può certo essere la Siae, che è società privata commerciale, a dire che quel puzzle viola la dignità morale di Picasso. Dov'è quel critico d'arte che direbbe la stessa cosa?

In terzo luogo voglio dire che un docente dovrebbe sentirsi libero di apporre cerchi quadrati linee su un dipinto per poterlo meglio interpretare. Se tale azione didattica fosse del tutto immorale, andrebbe considerata tale anche dopo aver pagato i diritti patrimoniali e non la si dovrebbe neppure vedere nei manuali scolastici.

In quarto luogo debbo dire che la Siae non può chiedere ai docenti di disinteressarsi dell'arte degli ultimi 70 anni o di farci pagare i diritti sopra, come se dall'affronto critico di quell'arte essi dovessero ricavarci chissà quali interessi personali. In realtà il nostro lavoro è quello di esaltare il genio creativo degli artisti e quindi, indirettamente, inevitabilmente, di incrementare, a titolo gratuito, i loro diritti patrimoniali e dei loro eredi.

Lo sanno gli eredi di Picasso, Kandinsky, Klee, Matisse, Marinetti, Balla, Severini, Braque, Cangiullo, Carrà che, obbligandomi a rimuovere 70 mega di materiali dedicati a loro, la Siae ha danneggiato gravemente i loro interessi? Davvero questi eredi avrebbero preferito che avessi messo tutto in un'area riservata? E per quale ragione un giornalista che avesse fatto la stessa cosa non avrebbe pagato nulla alla Siae, in virtù del suo diritto di cronaca?

14-02-2007 inviato a "Punto Informatico" in risposta all'intervista al responsabile dell'uff. Arti figurative della Siae. punto-informatico.it

**Opponendo il diritto d'autore al diritto alla cultura la Siae viola la Costituzione?**

Ci sono almeno quattro articoli della Costituzione che la Siae rischia di violare pretendendo d'imporre *royalties* a chi in rete fa solo cultura senza scopo di lucro.

Art. 4: Se la Repubblica riconosce a ogni cittadino il diritto al lavoro per concorrere al progresso materiale o spirituale della società, dando per scontato che tale diritto debba essere remunerato, a maggior ragione deve riconoscerlo quando tale diritto non viene remunerato. Perché dunque imporre il pagamento di *royalties* a chi svolge un lavoro a titolo gratuito?

Sostenere inoltre che il diritto d'autore è un diritto al lavoro anche per gli eredi degli artisti, significa soltanto sostenere un *diritto alla rendita*. E un diritto del genere non può risultare più importante del diritto al lavoro esercitato in maniera gratuita per il progresso "materiale" e, nella fattispecie, soprattutto "spirituale" della società.

Art. 9: La Siae si pone contro la Repubblica che promuove lo sviluppo della cultura e della ricerca scientifica e tecnica, imponendo compensi per lo sviluppo gratuito di detta cultura. E considerando che Internet è una rete mondiale, essa impedisce tale sviluppo oltre i confini nazionali.

Art. 21: La Siae è palesemente contro il diritto di ogni cittadino di manifestare liberamente il proprio pensiero con la parola, lo scritto e ogni altro mezzo di diffusione. L'unica eccezione al principio espresso nell'art. 21 dovrebbe essere quella del *plagio*, nel senso che non si possono usare opere altrui facendole passare come proprie.

La storia purtroppo è piena di casi del genere (la stessa redazione della Bibbia ne è un esempio eloquente, dove spesso intorno all'identificazione degli autori dei testi circolano le più svariate ipotesi interpretative).

Subordinata al plagio integrale (che risulta comunque evento poco frequente in campo artistico) è l'*alterazione*, cioè la modificazione di una parte dell'opera d'ingegno: cosa che, soprattutto con l'avvento dell'era digitale, è diventata molto frequente.

In casi del genere l'utilizzatore dell'opera dovrebbe sempre citare le sue fonti, ovvero indicarne la paternità, la provenienza e la reperibilità, al fine di permettere un confronto obiettivo tra ciò che l'utilizzatore ha trattato e la fonte originaria.

In ogni caso la Siae non può impedire il riutilizzo libero delle opere altrui, quando in ciò non si ravvisi il reato del plagio integrale o della parziale alterazione. Il progresso dell'arte e della cultura è sempre avvenuto e ancora avviene anche grazie ai reciproci condizionamenti delle opere dell'ingegno umano.

Il diritto d'autore non può essere configurato come obbligo a non tener conto di alcuna opera degli ultimi 70 anni, senza averne preventivamente pagato il compenso per l'utilizzo. Un obbligo del genere dovrebbe essere rifiutato da qualunque artista, proprio perché l'arte è il risultato di una inevitabile contaminazione di opere differenti.

In tal senso il diritto d'autore può valere soltanto finché l'artista è vivo: non può appropriarsi di questo diritto né l'editore delle sue opere, né l'erede dell'artista.

Se il diritto d'autore si configura come diritto al lavoro, questo diritto cessa, necessariamente, con la morte dell'artista, e se si vuole farlo continuare, inevitabilmente esso si trasforma in un diritto alla rendita. E, come noto, ogni rendita è parassitaria e contraria al diritto di sviluppare la cultura.

Se il diritto d'autore è semplicemente un diritto al riconoscimento di una paternità intellettuale dell'opera, ebbene questo diritto è eterno, non può scadere dopo 70 anni.

Con l'avvento dell'era digitale la riproduzione di un'opera, in forme diverse da quelle originali, è divenuta una pratica molto semplice e proprio per questo motivo molto efficace per la diffusione della cultura.

Qualunque cosa può essere trasformata in "bit". Impedire un fenomeno del genere, che esiste in rete dal 1989, anno in cui è nato il world wide web, significa andare contro la storia e lo sviluppo tecnico-scientifico.

L'unica cosa che si può fare, per impedire la violazione del diritto d'autore, è quella di citare la fonte originaria o comunque di dichiarare che la propria riproduzione è o non è conforme all'originale.

Sono i musei, le fondazioni, gli archivi, le biblioteche ecc. che conservano gli originali: solo loro possono essere autorizzati a rivendicare un diritto d'autore quando ciò venga palesemente violato.

Le opere d'arte sono uniche e irripetibili. Qualunque loro riproduzione può essere tollerata a condizione che si affermi appunto che si tratta di una riproduzione (integrale o parziale) e a condizione che si specifichi il luogo ove poter visionare l'opera originaria.

Art. 33: L'arte e la scienza sono libere e libero ne è l'insegnamento. La Siae non può obbligare i docenti a mettere in area riservata, sotto password, le loro produzioni didattiche e culturali, per poter non pagare i diritti d'autore. La cultura offerta a titolo gratuito deve essere libera e pubblica.

### Diritto d'autore contro diritto alla cultura?

La recente diatriba, scoppiata nel web nazionale, tra la Siae e alcuni siti gestiti da insegnanti, in relazione ad immagini jpeg riproducenti dipinti di artisti oggetto di copyright, utilizzate in ipertesti didattico-culturali, senza fini di lucro, ha posto un problema inedito all'attenzione di chi, in rete, s'era fino adesso limitato a citare le fonti e non a pagare royalties; un problema che si può riassumere nella seguente domanda: il diritto d'autore può condizionare il diritto alla cultura libera, offerta a titolo gratuito e in area pubblica?

La Siae, che sino a ieri era intervenuta là dove poteva constatare usi non autorizzati di opere musicali, filmiche, editoriali ecc., oggi pensa di agire anche nel settore delle immagini digitali, siano esse riproduzioni di dipinti o di fotografie. E non fa distinzioni, quando i materiali sono pubblici, tra siti culturali e siti commerciali, se non negli importi dovuti.

Pare che le ingenti perdite causate dalla pirateria informatica, attraverso cui il mondo intero può impunemente scaricare film, musiche e software, stiano trovando nei siti amatoriali, dediti alla cultura e all'arte in particolare, una sorta di insperata compensazione.

Come difendersi da queste interpretazioni così restrittive della legge n. 633/1941 sul diritto d'autore? Come prevenire l'atteggiamento di questo leone ruggente che da qualche anno s'aggira in rete in cerca di chi divorare?

Per la Siae infatti ogni webmaster è, *ipso facto*, un "editore": è sufficiente che metta in chiaro i propri files.

Gli unici due modi per non pagare royalties sono o di usare (relativamente alle immagini) dei link esterni (p.es. il tag iframe), oppure di mettere i propri elaborati in area riservata, sotto password.

Per la Siae c'è più differenza tra area riservata (accessibile solo agli iscritti) e area pubblica, che tra sito culturale (senza fine di lucro) e sito commerciale. La gratuità, nell'uso di immagini protette, è riservata alla didattica privata, non alla cultura pubblica. Le sue tabelle parlano chiaro.

Le immagini, anche nel caso vengano pagate, non possono superare i 72 dpi di risoluzione e un sito amatoriale non può metterne in chiaro più di 50, altrimenti diventa come i siti intestati a persona giuridica: scuole, università, musei, biblioteche ecc. (Come poi si possa sostenere che una jpeg di così bassa risoluzione sia copia fedele di un dipinto di Picasso o di Kandinsky, questo solo la Siae può saperlo).

Poiché detta società pubblica non ha mai emesso alcun comunicato stampa su questo suo singolare atteggiamento, gli insegnanti - che almeno avrebbero dovuto essere avvisati in tempo dal loro Ministero, al fine di poter controllare i loro ingenti archivi - di fatto stanno pagando di persona le conseguenze di un trend che improvvisamente hanno scoperto essere illegale. In sostanza il diritto d'autore può essere usato contro il diritto alla cultura offerta a titolo gratuito al mondo intero.

È vero che, in questa fase iniziale, la Siae sta cercando di colpire quei siti culturali che dispongono di circuiti banner e di ad-sense di Google, come per voler in qualche modo legittimare il proprio arbitrio. Ma è anche vero che se nessuno reagisce, vi sarà un effetto domino: il web culturale e artistico, messo in chiaro, inevitabilmente morirà.

Infatti la stragrande maggioranza dei siti amatoriali possiede aspetti "commerciali" del tutto insignificanti, che non giustificano neanche lontanamente l'accusa di fare business con l'arte. Homolaicus.com p.es. ha un circuito banner del tutto gratuito; il proprietario del sito non ha rapporti diretti con alcun inserzionista di banner o loghi a pagamento, e non vincola in alcun modo la visione dei propri ipertesti culturali ad azioni di tipo commerciale. Il ricavato degli ad-sense di Google copre in maniera assolutamente ridicola le spese sostenute per gestire un sito generalista di oltre due giga di materiali.

La Siae non transige neppure, in aperta violazione dell'art. 70 della L. 633, sull'uso porzionato delle immagini, asserendo che i diritti vanno pagati in ogni caso, sia che la jpeg riproduca il dipinto integrale o solo una sua parte.

Su questo inaudito atteggiamento vi sono già state in Parlamento tre interrogazioni: due alla Camera (Cardano e Zanella) e una al Senato (Bulgarelli), e si sono mosse con un'identica petizione due associazioni di docenti: Anitel e Didaweb.

Ciò che si chiede, fra le altre cose, è una moratoria di almeno un anno, onde permettere ai docenti e ai webmaster culturali di controllare i loro archivi sulla base dell'elenco degli artisti che la Siae mette a disposizione in un file pdf di non facile reperibilità.

Ma la cosa più importante è quella di introdurre nella legislazione italiana il concetto americano di "fair use".

Il "fair use" - come dice Wikipedia - è un aspetto legislativo, concernente il diritto d'autore, che stabilisce la lecita citazione non autorizzata o l'incorporazione di materiale protetto dal diritto d'autore nel lavoro di un altro autore sotto certe specifiche condizioni. Le condizioni sono quelle che chiunque dotato di buon senso può immaginarsi: "promozione del progresso della scienza e delle arti utili".

Un modo molto semplice sarebbe quello di aggiungere alcune precisazioni all'articolo 70 della L. 633:

È sempre lecito un uso didattico o culturale, formativo o informativo, parziale o integrale di opere tutelate dal diritto d'autore, alle seguenti condizioni: che l'opera non venga alterata o modificata in modo da pregiudicare la paternità del suo autore; che pur in presenza di alterazioni o modificazioni si possa sempre e comunque risalire all'originale integro; che lo scopo dell'utilizzo sia manifestamente privo di alcun fine di lucro; che venga sempre citato il legittimo proprietario dell'opera in oggetto; che venga riportato, quando necessario, il nome della sede in cui l'opera è collocata, onde poterla identificare in maniera certa.

È fatto obbligo all'utilizzatore di tali opere indicare che la licenza in cui intende distribuirle o farle pubblicamente fruire è del tipo copyleft: "Proprietà Comune Creativa". Tale licenza ha effetti legali in tutti i paesi che la riconoscono.

Con l'espressione "assenza di fine di lucro" s'intende che la fruizione integrale dell'opera deve restare assolutamente gratuita e non può essere in alcun modo vincolata all'utilizzo di qualsivoglia forma di pubblicità.

**Cultura e business in rete sono due cose diverse**

Facendo seguito alla dichiarazione del responsabile dell'Ufficio Arti Figurative della Siae[14], vorrei qui proporre ulteriori spunti di riflessione di natura culturale e didattica.

Le domande cui vorrei cercare di rispondere sono le seguenti e spero che nella revisione della L. 633 si tenga conto delle risposte che ad esse si possono e si potranno dare a favore della libera fruizione della cultura digitale.

1. Quali sono le condizioni per poter definire didattico o culturale un sito?
2. Quali sono le condizioni per poter definire commerciale un sito didattico o culturale?
3. Esistono delle condizioni che fanno restare didattico o culturale un sito pur in presenza di aspetti commerciali, come p.es. un circuito banner o gli ad-sense di Google?

La Siae in questo momento tiene un atteggiamento ambiguo: sa di non poter colpire indiscriminatamente i siti didattico-culturali che usano materiale protetto e tuttavia nelle sue tabelle è previsto un tariffario anche per questi siti; ecco che allora inizia a colpire siti come il mio che presentano alcuni aspetti commerciali (come i banner e gli ad-sense), dicendo che un sito del genere non può dirsi del tutto didattico o culturale.

In particolare evita di criminalizzare gli ad-sense, in quanto ormai tutti i siti li hanno, e punta il dito sui banner, che però nel mio caso sono posti a titolo gratuito o di scambio alla pari, e comunque anche se alcuni sono commerciali il reddito è prossimo allo zero, nel senso che con Google si guadagna sicuramente di più, essendo basato sul semplice cliccaggio di ip univoci.

Secondo me non ha senso pensare che la semplice presenza di banner o di ad-sense rendano di per sé commerciale un sito.

---

[14] Fonte: punto-informatico.it/p.aspx?id=1890523

Quando si afferma che anche la tv private non obbligano al pagamento del canone, alimentandosi solo di pubblicità, e che pertanto un sito come homolaicus.com, avendo pubblicità, può essere equiparato a una televisione privata, per cui è giusto definire il suo webmaster un editore a tutti gli effetti, si compie una forzatura interpretativa difficilmente sostenibile davanti a un giudice.

E questo per una serie di ragioni:
1. è vero che l'utente di una tv privata non paga direttamente il canone, ma è anche vero che lo paga indirettamente quando va ad acquistare gli stessi prodotti che vede reclamizzati, avendo essi prezzi di molto superiori a quelli non reclamizzati. Da me non esiste questa cosa.
2. Sul piano televisivo il nostro paese è caratterizzato da un fondamentale duopolio, per cui le scelte dell'utente televisivo sono alquanto limitate. In rete invece i siti sono decine di milioni e nessuno è costretto a venire da me.
3. L'uso del televisore rende di per sé inevitabile la fruizione dei canali televisivi, essendo trasmessi questi via etere. Viceversa l'uso del monitor, quando si è connessi, non obbliga a nulla. In rete occorre un'azione diretta del navigatore, che deve sapere dove andare, se non vuole perdersi. Non è automatica la fruizione di un determinato ipertesto, neanche facendo "zapping" con un motore di ricerca.
4. Nelle tv private la pubblicità interferisce continuamente con la visione dei programmi. Nel sito homolaicus.com ciò non avviene mai. Cioè non appaiono mai delle popup che obbligano alla previa visione di uno spot pubblicitario, che generalmente avviene entro un certo lasso di tempo, o al cliccaggio sul medesimo spot prima di poter accedere alla fruizione dei contenuti culturali dell'ipertesto. Nessun ipertesto è mai stato da me vincolato alla visione o all'uso preliminare di un qualunque spot pubblicitario o, peggio, di qualsivoglia dialer.

Il fatto che accanto a un ipertesto appaiano gli ad-sense di Google o altre forme di pubblicità, non può di per sé voler dire che il sito è commerciale. Essendo libera e gratuita la visione di un ipertesto culturale, al punto che se ne permette persino il download e l'inserimento in altro sito, a condizione che si citi la fonte di provenienza (cosa che in dieci anni è sicuramente avvenuta più volte, tanto che non mi stupirei che coi miei materiali qualcuno ci abbia lucrato sopra), il sito è e deve continuare a essere considerato didattico e culturale.

I miei ipertesti non sono beni immateriali cedibili dietro corresponsione di qualcosa o fruibili soltanto con l'obbligo di sottostare a una qualsivoglia condizione. Essi peraltro vengono sempre offerti in maniera integrale e non dimostrativa.

E nel mio sito non si vendono quadri o opere d'arte. Se vendessi quadri e usassi ipertesti di qualità con immagini protette per poterli vendere meglio, allora forse si potrebbe anche pensare a un qualche interesse di lucro.

Viceversa l'atteggiamento di totale gratuità che ha sempre caratterizzato il mio sito esclude a priori qualunque scopo di lucro. Qui si può parlare - come più volte ho detto - di "incremento patrimoniale" solo a favore dell'artista trattato nell'ipertesto e quindi dei suoi eredi, i quali, grazie proprio ai miei ipertesti critici, vedranno aumentare le quotazioni delle loro opere.

Paradossalmente se avessi messo i miei ipertesti "incriminati" sotto password, come mi chiede la Siae, al fine di non pagarne i diritti d'autore, facendo essa più differenza tra area riservata e area pubblica che non tra sito didattico e sito commerciale, io avrei anche potuto decidere di farli vedere dietro riscossione di una certa somma.

Se mi fossi comportato così, la Siae, che ora vorrebbe punirmi per aver messo in chiaro una cosa gratuita, da loro protetta, su quella stessa cosa, messa in un'area riservata accessibile solo a pagamento, non avrebbe fatto nulla!

### Col formato jpeg si può distinguere una copia dall'originale?

Uno dei principali difetti nelle considerazioni dell'uff. Arti Figurative della Siae sta proprio nella pretesa di applicare la legge sul diritto d'autore al concetto di "immagine digitale", che nella fattispecie della stragrande maggioranza degli ipertesti didattici e culturali del web, si traduce nel cosiddetto "formato jpeg".

Quello che a un semplice docente o webmaster appare evidente, di primo acchito, quando si accinge a fare qualcosa di didattico o di culturale utilizzando immagini di dipinti da reperire in rete, è proprio l'incredibile diversità di toni, colori e sfumature che si riscontra in riferimento a una medesima immagine. Generalmente infatti è impossibile sapere con esattezza, limitandosi alle fonti visive della rete, come è stato effettivamente dipinto, nei suoi aspetti cromatici, un qualunque quadro da parte di un qualunque artista.

Per uno che si accinge a fare un ipertesto culturale, questo è sempre un problema serio da affrontare, così difficile da risolvere che il dubbio sulla reale efficacia interpretativa di ciò che s'è compiuto permane anche dopo aver realizzato il lavoro.

Un qualunque webmaster, minimamente onesto con se stesso, dovrebbe arrivare alla conclusione che quando sono in gioco i dipinti degli artisti è meglio escludere a priori, allo stato attuale della tecnologia, l'idea che un formato jpeg possa costituire "copia fedele di un originale".

Ho trovato conferma in quella che per me era una semplice impressione, nell'analisi lucida che un consulente informatico e docente a contratto presso l'Università di Trieste, Tommaso Russo, mi ha fatto avere dopo aver periziato gli ipertesti cosiddetti "incriminati".

Detto docente ha esaminato le immagini riproducenti l'opera intera dell'artista, dando per scontato che sulle porzioni d'immagini - checché ne dica la Siae - non si possano accampare diritti di sorta, all'ovvia condizione che si specifichi trattarsi appunto di particolari dell'originale.

Ed ecco alcune delle sue conclusioni, quanto mai illuminanti, riportate in forma molto succinta e facilmente comprensibile.

1. tutte le 74 immagini jpeg segnalate dalla Siae erano di una risoluzione largamente inferiori allo standard VGA (640x480 px), con un campionamento spaziale e una quantizzazione neppure lontanamente paragonabili alle immagini che si ottengono con le migliori fotocamere digitali di alta gamma oggi in commercio (12,5 megapixel) e, tanto meno, a quelle che si ottengono con le migliori pellicole chimiche fotosensibili (936 megapixel);
2. il contenuto informativo della miglior foto professionale ottenuta con pellicola chimica è superiore a quello della miglior foto digitale di un fattore stimabile a 75 per quanto riguarda la risoluzione, e di un valore difficilmente stimabile, ma sicuramente molto superiore ad 1, per la profondità cromatica. Con questi dati, un'immagine digitale di 640 x 480 pixel a 24 bit/pixel compressa jpeg ha un contenuto informativo inferiore allo 0,0047% della miglior fotografia su pellicola da cui possa essere stata ricavata;
3. in base alla definizione di Shannon, l'informazione veicolabile da un messaggio (o contenuta in un file) è pari al numero di bit necessario a trasmetterlo. Il contenuto informativo di una foto digitale ripresa con le migliori apparecchiature digitali professionali oggi disponibili, risulta pari a 12 megapixel x 42 bit/pixel = 504 megabit. Mentre il contenuto informativo di un'immagine di risoluzione VGA visualizzabile su PC risulta pari a 640 x 480 pixel x 24 bit/pixel = 7,3 megabit. Il contenuto informativo della seconda risulta essere quindi l'1,4% della prima;

4. ma la "compressione con perdita" jpeg riduce ulteriormente questo contenuto informativo ad un valore medio di circa 50 kilobyte = 400 kilobit, il che indicherebbe un contenuto informativo pari al 0,07% della migliore immagine digitale.

Il professor Russo dice in realtà molte più cose e ancora più interessanti, dal punto di vista tecnico, ma per me è importante la sua conclusione: sostenere che l'immagine jpeg di un dipinto, visualizzabile sullo schermo di un piccolo pc, possa costituire una copia dell'opera originale equivale a sostenere che l'indice di un libro sia una copia del libro stesso.

Questo dal punto di vista tecnico, poiché, prosegue l'egregio consulente, qui non si azzarda neppure un raffronto con il contenuto informativo delle opere originali, universalmente riconosciute come inimitabili, e di cui la miglior fotografia realizzabile resta soltanto un pallido fantasma.

Ma più in generale, nel caso di un dipinto, "copia" può essere soltanto un'imitazione, più o meno fedele, eseguita da un altro pittore con tecniche simili: "disegno, pittura o scultura che riproduce più o meno fedelmente un originale, talvolta a scopo di contraffazione, o a scopo di esercitazione o di diffusione" (De Mauro).

A questo punto è lecito porsi una semplice domanda: posto che una jpeg non è in grado di riprodurre adeguatamente alcunché, in quanto vi è una perdita secca di informazioni del tutto indipendente dalla volontà del webmaster, se questa approssimazione per difetto dovesse essere considerata una violazione della paternità morale dell'opera di un artista, tale violazione verrebbe forse scongiurata pagando i diritti d'autore su quell'opera?

Si noti peraltro che la giurisprudenza, pur essendo favorevole all'uso di una porzione d'immagine sulla base del diritto di citazione, secondo l'art. 70 della L. 633/1941, è contraria all'uso dell'immagine integrale, perché questa potrebbe distogliere l'utente dall'andare a vedere l'originale.

Ora, a parte il fatto che poter fare liberamente un ipertesto culturale su una parte del quadro e non sulla sua interezza è quanto meno ridicolo, se c'è una cosa priva di senso nei confronti del rapporto tra semplice jpeg e capolavoro artistico di un dipinto è proprio la convinzione che una jpeg integrale possa sostituire completamente un dipinto, come se fosse possibile la copia di un dipinto senza creare immediatamente un falso.

Chi realizza una jpeg dovrebbe essere punito non solo sul piano civile ma anche penale. Se si considera una jpeg copia fedele dell'originale, pagandone i diritti, si riceve dalla Siae il diritto di produrre un falso patentato.

Qui siamo in una situazione kafkiana. È talmente forte l'esigenza di tutelare delle rendite acquisite (che, si badi, non sono solo quelle degli artisti e dei loro eredi, ma anche quelle della stessa Siae), che non ci si rende conto che una jpeg integrale, avendo per sua natura lo scopo di produrre un effetto di curiosità intellettuale, è in grado di favorire proprio queste rendite. Dunque perché penalizzare ciò che in sostanza incrementa i diritti patrimoniali degli eredi, dei musei, delle gallerie d'arte e degli stessi dipinti presi in esame?

### A proposito del ruolo della Siae
### Diritto d'autore, didattica e web[15]

È in atto una campagna di disinformazione, priva di fondamento, relativa al diritto d'autore all'interno della quale la Siae assumerebbe un ruolo punitivo nei confronti della didattica.

Ciò è assolutamente falso. La legge italiana sul diritto d'autore, più volte rinnovata e comprendente anche i dettati delle direttive europee, prevede libere utilizzazioni in casi di specifico utilizzo accuratamente didattico definito e ben limitato, sulla falsariga di quanto avviene in Europa. Non bisogna dimenticare che la Società Italiana degli Autori e degli Editori opera su preciso mandato dei suoi associati, autori ed editori per tutelare economicamente le loro opere.

E a questo preciso impegno, la Siae non può venir meno. Di Siae e società omologhe gli autori (più o meno famosi) o i loro eredi ci vivono. Anzi sicuramente in molti casi, i diritti derivati dallo sfruttamento delle opere sono appena sufficienti per molti eredi, a tenere "didatticamente" e non solo, in vita la memoria d'un artista. Si pensi alle spese di manutenzione, aggiornamento e uso degli archivi; alla fornitura di materiale per le tesi di laurea; alla necessità di tutelare anche legalmente le opere autentiche dai falsi.

Il diritto d'autore è, in sostanza, un diritto del lavoro, non un balzello. È il salario di chi compone una canzone, scrive un romanzo, crea un film... Nessuno si sognerebbe di ridurre gli stipendi dei professori per aiutare, ad esempio, la didattica. Perché la rete non dovrebbe rispettare i diritti d'autore, mentre gli editori, anche quelli scolastici, che pubblicano libri con immagini tutelate, corrispondono regolarmente questi stessi diritti agli autori e a chi li rappresenta (in Italia la Siae)?

---

[15] Fonte: siae.it/edicola.asp?click_level=0500.0100.0200&view=4&open_menu=yes&id_news=5245

Questi ultimi possono anche richiedere di verificare l'utilizzo che può dar luogo a manipolazioni o ad accostamenti impropri. Un quadro per esempio può subire trasformazioni che lo alterano, può venire modificato, o ridotto in un puzzle o essere accostato a pubblicità o a pubblicazioni che l'autore rifiuta (per es. un quadro di Guttuso utilizzato come copertina di *Mein Kampf* di Hitler).

In riferimento alle immagini utilizzate recentemente da un sito, autodefinitosi didattico, la Siae non ha denunciato nessuno, ma ha agito doverosamente secondo il suo mandato per far rispettare il diritto d'autore. Chiunque immette in rete opere tutelate dovrebbe sapere che vanno corrisposti diritti. Inoltre bisogna specificare la differenza fra un sito didattico e un sito culturale.

Non basta che sia un professore a gestire un sito. Didattico è un servizio limitato alla cerchia degli studenti, delle famiglie e dei professori con un'attività ben precisa e scandita. Per esempio i siti universitari e scolastici che fanno didattica offrono filtri come lo username per utilizzare materiale specifico ecc.

Diverso il caso del servizio culturale invece aperto a tutti, offerto da riviste, libri, pubblicazioni e siti. È chiaro che in questo caso debba essere corrisposto, sia pure in forma minima, il diritto d'autore. Un sito che si definisce didattico, da tutti usufruibile, può contenere indicazioni del tipo "Gli alberghi della Riviera Romagnola", "Come perdere 3 chili in 3 giorni" o "Incontriamoci"? Si tratta di pubblicità che è presumibilmente fonte di guadagno e che ha un valore economico.

La Siae verifica se lo scopo di lucro, anche indiretto, nello sfruttamento di opere altrui non esista davvero. Un esempio, in altri campi, è il concerto gratuito, pagato dallo sponsor che paga i tecnici, gli strumentisti, il personale ecc. Il principio fondamentale è che quando si utilizza il lavoro di un altro, qualsiasi sia lo scopo, questo lavoro va onorato e rispettato. Per le riproduzioni a stampa, per l'utilizzo in radio, televisione, dal vivo e anche su Internet.

Come detto, la legge italiana sul diritto d'autore, redatta nel 1941, continuamente aggiornata a seguito di Direttive Comunitarie che hanno armonizzato fra loro le legislazioni europee, prevede eccezioni al pagamento del diritto d'autore, giustamente delimitate con pagamenti ridotti (come nel caso della didattica ben definita e riconoscibile) e, infine, l'utilizzo di parti un'opera; non, logicamente, la sua riproduzione integrale.

Questo genere di utilizzazioni però presuppone una ristretta cerchia di utenti, come appunto i siti Intranet delle scuole. Altrimenti, per es. da un sito web "didattico" dedicato alla storia della musica, aperto all'intero mondo, si potrebbe scaricare l'intera discografia mondiale e da quello dedicato alla storia del cinema, tutti i film in circolazione. Con buona pace degli autori e di tutti coloro che lavorano nel campo della creazione dei contenuti.

### Adagp in sostegno della Siae
### Francia, siti culturali rispettano i diritti[16]

Christiane Ramonbordes, direttore generale dell'Adagp (la società francese di gestione collettiva dei diritti d'autore nelle arti visive, pittura, scultura, fotografia, multimedia) ha inviato una lettera alla Siae, manifestando disappunto e preoccupazione per gli attacchi apparsi sulla stampa italiana contro la Siae.

La questione riguarda il diritto d'autore richiesto doverosamente dalla stessa Siae per l'utilizzazione di opere di propri associati sui siti culturali on line. "Le tariffe applicate tengono conto della specificità di ogni sito e non possono in alcun caso essere considerate abusive - si legge nella nota dell'Adagp. In ogni altro Paese le regole sono rispettate dagli utilizzatori.

In Francia abbiamo recentemente concluso degli accordi con il Ministero dell'Istruzione per la diffusione delle opere nei siti di impostazione scolastica[17]. Queste utilizzazioni spesso si sostituiscono alle pubblicazioni scolastiche e non si capisce perché gli autori o i loro aventi diritto non dovrebbero essere remunerati per le nuove forme di sfruttamento delle loro opere.

La teoria della cultura gratuita è un'illusione - conclude la lettera della Ramonbordes: i giornali, che pubblicano i loro articoli, li distribuiscono forse gratuitamente? I professori che insegnano, utilizzando le opere dei nostri associati, non sono forse retribuiti, gli editori non vendono le opere? Perché solo gli autori dovrebbero essere i soli a non ricevere un corrispettivo per il loro lavoro? Noi sosteniamo la Siae in questa battaglia".

### La cultura gratuita è davvero finita?

Qui la Siae si deve decidere: o dimostra che gli artisti e/o gli eredi sono stati danneggiati materialmente dalla presenza di ipertesti cultu-

---

[16] Fonte: siae.it/edicola.asp?
click_level=0500.0100.0200&view=4&open_menu=yes&id_news=5251
[17] Si noti come ciò che è accaduto in Francia, non è mai accaduto in Italia, ed è proprio di questa mancata chiarezza disciplinare che la Siae italiana può avvalersi a proprio arbitrio.

rali sulle loro opere, oppure dica chiaramente che colpisce Homolaicus perché lo ritiene un sito commerciale, avendo esso un circuito banner.

Nel primo caso però chiunque è in grado di rendersi conto che tali ipertesti, forniti gratuitamente e realizzati a un livello medio-alto di criticità, rappresentano in realtà un incremento indiretto dei patrimoni degli artisti e/o dei loro eredi.

Nel secondo caso l'uff. Arti Figurative vada a modificare la dicitura delle proprie tabelle, in quanto in quella n. 7.1 (relativa ai gestori a titolo individuale di siti culturali-amatoriali, intestati a persona fisica) si dà per scontato che i siti non siano commerciali, come non possono esserlo quelli gestiti da musei, scuole, università, biblioteche ecc. della tabella successiva, in cui si fa ricadere l'attività del sito Homolaicus, perché, invece di utilizzare 50 immagini protette, ne ha usate 74, nella sua "attività di insegnamento", come viene detto sempre nella tab. 7.2.

In sostanza mentre sul piano legale Homolaicus è intestato a "persona fisica", detta intestazione, proprio per l'uso di 24 immagini oltre il massimo consentito, lo trasforma, come per un gioco di prestigio, in un qualcosa di "giuridico" e di "professionale".

Ma quali sono gli aspetti "commerciali" del sito homolaicus.com, per il quale si sarebbero dovute pagare tariffe di ben altre tabelle?

Eccoli: il sito possiede un circuito banner a titolo completamente gratuito; il proprietario del sito non è iscritto al registro delle imprese, non possiede partita iva, non emette fatture agli inserzionisti, non ha contatti diretti con alcun inserzionista che lo paghi solo per il fatto d'essere presente nel suo sito, non ha mai accettato forme di pubblicità incompatibili coi contenuti del proprio sito (che è di tipo generalista), non ha mai posto, nei propri ipertesti, pubblicità offensive o denigratorie della dignità morale di alcun artista, non ha mai vincolato la visione integrale e il download totale dei suoi ipertesti ad alcuna iniziativa o azione commerciale, non ha mai fatto ecommerce né business to business (non esiste alcun carrello né area riservata), e tutto il sito è sottoposto, come ben si vede dalla home page, a una licenza Creative Commons.

Ora se la Siae vuole sostenere che gli ad-sense di Google lo qualificano senza ombra di dubbio come un sito "commerciale", lo dica esplicitamente, così l'intero web didattico e culturale che utilizza gli stessi banner saprà che se utilizza materiale protetto, rischia di dover chiudere.

Ci dica inoltre la Siae, perché non lo sa nessun docente in rete, quale sia, secondo il suo insindacabile giudizio (e speriamo sia anche quello del nostro Ministero, perché fino ad oggi non ce l'ha mai comunicato ufficialmente) lo "specifico utilizzo accuratamente didattico definito e ben limitato" delle opere degli artisti da essa protetti.

I docenti infatti non possono credere in alcun modo che siano preposti alla "didattica" solo "i siti universitari e scolastici che offrono filtri come lo username per utilizzare materiale specifico ecc.". Chi è la Siae che si permette il lusso di dire a un docente come deve fare didattica in rete? Quando mai la didattica si fa soltanto in un'area riservata, per "una ristretta cerchia di utenti"? Chi autorizza la Siae a dire quando un sito "culturale" non ha nulla di "didattico"? Queste affermazioni sono un attacco inaudito alla libertà di insegnamento e di cultura, e il Ministro Fioroni non può non intervenire a tutela del mondo dei docenti.

La Siae la smetta inoltre di continuare ad arrampicarsi sugli specchi appellandosi a una quanto mai aleatoria e improbabile "falsariga di quanto avviene in Europa". Le raccomandate non le ha spedite appellandosi a leggi europee ma alla legge italiana n. 633/1941 e al D.L.vo n. 68/2003.

Se per giustificare il proprio inedito atteggiamento essa ha piacere di citare quanto stanno facendo in Francia, che ha recentemente concluso degli accordi con il Ministero dell'Istruzione per la diffusione delle opere nei siti di impostazione scolastica, bene, anche noi docenti abbiamo piacere di sapere dal nostro Ministero quando dove e come ha stipulato con la Siae italiana un accordo del genere. Si può consultare da qualche parte questa intesa o dobbiamo anche in questo caso, come quando si deve andare a cercare il file pdf degli autori protetti dalla Siae, fare i salti mortali per poterlo leggere?

Se poi i segnali che ci giungono dall'Europa Unita sono soltanto di questo tipo: "La teoria della cultura gratuita è un'illusione... I professori che insegnano, utilizzando le opere dei nostri associati, non sono forse retribuiti?" - come dice Christiane Ramonbordes, direttore generale della Siae francese (che non spiega "da chi" siano "retribuiti") - la battaglia da fare qui non è solo contro la Siae nazionale ma anche contro la gestione del diritto d'autore in tutta Europa.

In ogni caso la Siae la smetta di fare affermazioni offensive per la dignità dei docenti. Dire che "Nessuno si sognerebbe di ridurre gli stipendi dei professori per aiutare, ad esempio, la didattica", è particolarmente denigratorio per una categoria che proprio in virtù della propria didattica e della propria cultura, offerte assolutamente a titolo gratuito sin dalla nascita del web, ha dato lustro alla nostra rete nazionale in tutto il mondo. Non è stata certo la Siae a promuovere la cultura digitale in rete.

La smetta inoltre di paragonare i docenti a degli "editori" (il Ministero non ce l'ha mai detto che siamo editori come quelli della carta stampata). È semplicemente vergognoso fare affermazioni del genere: "Perché la rete non dovrebbe rispettare i diritti d'autore, mentre gli editori, anche quelli scolastici, che pubblicano libri con immagini tutelate, corrispondono regolarmente questi stessi diritti agli autori e a chi li rappresenta (in Italia la Siae)?". Gli editori scolastici "vendono" libri scolastici; la stragrande maggioranza dei docenti *non vende nulla in rete*. Al massimo vende corsi di formazione.

E a questo proposito ci si può spiegare il motivo per cui chi "vende" corsi di formazione in un'area riservata, utilizzando immagini protette, non è tenuto a pagare i diritti d'autore, mentre chi mette in chiaro gratuitamente la propria cultura deve pagarli?

La Siae avrebbe fatto meglio a dire chiaramente che l'unico motivo per cui un docente dovrebbe essere colpito è esclusivamente questo fatto: "Un quadro può subire trasformazioni che lo alterano, può venire modificato, o ridotto in un puzzle o essere accostato a pubblicità o a pubblicazioni che l'autore rifiuta". E allora quando manda le raccomandate scriva soltanto questo, dimostrando concretamente che c'è stata una violazione "morale" dell'opera e non una lesione dei diritti patrimoniali dell'artista e/o dei suoi eredi.

Questo perché non ha senso l'assunto astratto secondo cui "Chiunque immette in rete opere tutelate dovrebbe sapere che vanno corrisposti diritti". Se questo è vero, migliaia di docenti dovranno chiudere i loro siti, perché da un decennio si sono comportati diversamente: lo dimostra il fatto che la Siae ha iniziato soltanto adesso a colpirli.

Ma anche nell'ipotetico caso in cui vi fosse stata negli ipertesti di Homolaicus una lesione "morale" dell'opera di qualche artista, io chiedo che non sia la Siae a giudicare di questo, ma una commissione di esperti critici d'arte, in quanto ciò dovrebbe essere considerato riprovevole non solo per gli artisti ch'essa tutela, ma per qualunque artista di ogni tempo e luogo.

Può un paese artistico come il nostro autorizzare la Siae a mettere alla gogna un artista come Dalì che dipinse la Gioconda coi baffi?

La Siae si metta poi d'accordo coi propri avvocati, poiché quando ritiene possibile "l'utilizzo di parti di un'opera, non, logicamente, la sua riproduzione integrale", viene smentita dai firmatari delle sue stesse raccomandate, che invece prevedono il pagamento dei diritti anche nel caso di "porzioni di immagini".

Perché anche qui delle due l'una: o si concede a un sito culturale di poter riprodurre gratuitamente parte di un'opera allo scopo di commentarla (per quanto nel caso di un dipinto lo sa giusto la Siae come si possa fare), oppure si dica chiaro e tondo che qualunque uso di un'opera integrale, nella fattispecie un'immagine jpeg, rende commerciale anche un sito che non lo è.

E a proposito del formato jpeg, la Siae dica chiaramente, perché i gestori di siti culturali hanno diritto a saperlo, che un'immagine del genere costituisce "copia fedele di un dipinto", così non avremo dubbi nell'essere considerati dei "falsari".

### La Siae e i balzelli medievali

Per giustificare il pagamento di "tributi", perché in fondo è di questo che si tratta quando in questione non vi è un sito commerciale ma solo culturale, ecco cosa dice la Siae, con la ferrea logica che la contraddistingue: "da un sito web didattico dedicato alla storia della musica, aperto all'intero mondo, si potrebbe scaricare l'intera discografia mondiale e da quello dedicato alla storia del cinema, tutti i film in circolazione. Con buona pace degli autori e di tutti coloro che lavorano nel campo della creazione dei contenuti".[18]

È davvero carino sostenere che un docente, sotto il pretesto della didattica, potrebbe mettere a disposizione di chicchessia un patrimonio musicale o filmico protetto dal diritto d'autore. Come se, lavorando alla luce del sole, potesse tranquillamente farlo senza farsi accorgere da nessuno!

Possiamo anche capire che la Siae sia abituata a trattare con dei malfattori, ma perché prendersela con chi lavora gratuitamente per la rete e le dà lustro culturale? Siamo forse in presenza di una guerra preventiva, come in Irak? Si vuole colpire a scanso di equivoci?

Abbiamo già visto comportamenti del genere quando il governo Berlusconi decise di far aumentare il costo dei cd vergini, facendo pagare a chiunque, in via preliminare, il fatto che c'è gente che usa il masterizzatore per fare copie piratate. Invece di abbassare il costo dei cd originali, che in Italia sicuramente è elevato, si è preferito sparare nel mucchio, assicurandosi a tutti i costi posizioni di rendita.

Che senso ha prendersela con chi lavora in chiaro quando di fatto i patrimoni musicali, filmici e digitali sono già largamente fruibili in aree riservate, accessibili con gli strumenti più vari e a costo zero? Se la Siae non riesce a colpire questi abusi, perché far passare per dei "truffatori" gli insegnanti che lavorano pubblicamente a titolo gratuito?

Ma la cosa più incredibile è che la stessa Siae, dicendo ai docenti che possono fare didattica in area privata con materiali protetti, senza pa-

---

[18] Fonte: siae.it/edicola.asp?click_level=0500.0100.0200&view=4&open_menu=yes&id_news=5245

gare *royalties*, incentiva in un certo senso la pirateria. Viene infatti inevitabile chiedersi come potrà la Siae accorgersi di chi, facendo didattica solo in privato, voglia approfittare proprio di questo strumento per permettere lo scarico di materiali protetti. Ci vorrebbe giusto una delazione. Cos'è dunque questo invito a lavorare di nascosto: un'esortazione a delinquere per gli uni e a spiare per gli altri?

Lo sanno gli artisti associati alla Siae che in un'area riservata, accessibile solo tramite login e password, i docenti potrebbero distribuire se non addirittura vendere opere protette risparmiandosi di pagare i compensi dovuti? Non abbiamo capito bene: dicendoci di porre la didattica in area riservata, la Siae sta chiedendo ai docenti di aggirare la legge sul diritto d'autore?

Mi chiedo se qui stiamo ragionando con un'istituzione che, di fronte alla realtà magmatica del web, è costretta sempre più a piegare gli interessi della logica alla logica dell'interesse, o se, al contrario, si abbia a che fare con un centro di potere che, essendo monopolista, non si preoccupa affatto delle proprie incoerenze, proprio perché pensa di poter agire come quei signori feudali che quando vedevano un contadino che andava a macinare il grano al mulino, gli facevano pagare il balzello del ponte che attraversava.

**Le tabelle della Siae**

Vorrei qui far notare un controsenso rilevabile nelle tabelle della Siae che riguardano i siti amatoriali, senza scopo di lucro, intestati a persone fisiche. Il file in questione si chiama olaf_av_utilizzatori_Tariffe.pdf ed è zippato nel sito della Siae. Il fatto stesso di essere zippato lo rende invisibile ai motori di ricerca!

Porta la decorrenza del giugno 2004, ma nella raccomandata che mi ha spedito l'Ufficio Arti Figurative si faceva riferimento a un file più aggiornato: p.es. nel file "ufficiale" viene detto alla tabella 7.1, che riguarda p.es. i docenti che si muovono in rete a titolo personale: n. di opere da 1 a 10, al mese 2 euro, all'anno 20 euro; n. di opere da 11 a 50, 10 euro al mese, 100 euro l'anno.

Viceversa, nella raccomandata che mi hanno spedito, pur restando l'obbligo massimo di 50 opere, è sparito il forfait annuale, per cui si paga non 100 ma 120 euro per 50 opere. Lo sa un docente che non esiste solo una tabella ufficiale ma anche una ufficiosa?

Ma c'è di più. Secondo la Siae quando si supera il numero massimo delle immagini, il docente è destinato a finire nella tabella successiva: quella delle Scuole, Musei, Biblioteche, Università ecc., i cui domini notoriamente sono intestati a persone giuridiche. Qui gli importi sono di molto superiori e solo mensili: p.es. 50 immagini (che è davvero ben poca cosa per uno che si vuole interessare di arte) vengono a costare 63 euro al mese.

Io ne avevo 74 incriminate: suppongo che la Siae mi abbia conteggiato le prime 50 nella tabella dei docenti e le altre 24 in quella delle scuole. Lo suppongo perché l'Ufficio suddetto si rifiuta ostinatamente di dirmi non solo i nomi dei files, ma anche la metodologia dei conteggi dei compensi.

In ogni caso qui si deve cercare di capire il tipo di ragionamento che vuol fare la Siae ai danni dei docenti. Da un lato essa pretende compensi anche da parte di chi non fa lucro in alcuna maniera (qui voglio ricordare che la Siae è disposta a non chiedere compensi solo a due condizioni: che il docente usi le immagini o col tag iframe o in area riservata); dall'altro pretende maggiori compensi da parte di chi, pur non facendo lucro in alcuna maniera, fa però più cultura.

Il controsenso sta proprio in questo, che quanti più ipertesti culturali si fanno a titolo gratuito, favorendo indubbiamente, sebbene indirettamente, i diritti patrimoniali degli artisti e/o dei loro eredi, tanto più si deve pagare.

La Siae non può accettare che un docente, in un sito amatoriale, utilizzi più di 50 immagini a un prezzo di favore. Se ne usa 51 si sta comportando come un sito istituzionale, che notoriamente ha maggiori disponibilità economiche!

Questo sta a significare che la Siae non esprime affatto la volontà degli artisti, che sarebbero ben contenti di essere recensiti a titolo gratuito e a livello medio-alto, ma rappresenta soltanto la propria volontà, che è quella di ricavare il massimo dall'uso delle immagini. Proprio mentre pretende di difendere il diritto d'autore, danneggia enormemente lo sviluppo della cultura.

Un'altra assurdità la si riscontra là dove la Siae sostiene, da un lato, che una semplice jpeg è copia fedele di un dipinto e, dall'altro, che le immagini che un docente può mettere in rete devono essere, per poter beneficiare delle tariffe minori, di bassa qualità e non devono mai superare i 72 dpi di risoluzione. Quindi un'immagine scadente come la jpeg è copia autentica delle *Demoiselles d'Avignon* di Picasso!

Ma non è tutto. Analizziamo ora il senso di questa frase: "I responsabili dei siti dovranno porre in essere accorgimenti tecnici atti a impedire lo scaricamento delle immagini dai siti stessi".

Qui lascio al lettore facoltà di commentare una frase del genere, aggiungendo ulteriori ipotesi interpretative alle seguenti:

1. che senso ha pagare l'uso di un'immagine impedendo a qualcuno di vederla? Mi pongo questa domanda perché non riesco a capire come si faccia a non scaricare un'immagine che si vede. Gli "accorgimenti tecnici" sono forse quelli di tipo java o flash? Sono forse questi gli "accorgimenti" che vanno per la maggiore in rete? Non mi pare, anche perché richiedono non poche competenze; e in ogni caso la Siae lo sa che esiste una cache del browser, dove va a finire quasi tutto ciò che si vede al monitor?;
2. se devo mettere una jpeg in un'area riservata che senso ha pagarla? La stessa Siae mi autorizza a usarla liberamente;
3. è davvero così preoccupante che una jpeg di infima risoluzione possa essere scaricata da qualcuno?;
4. col tag iframe posso mettere nel mio sito qualunque immagine linkata, presente in altri siti: è la stessa Siae che mi dice di fare così per non pagare i diritti (basta che i sorgenti html siano ben chiari). Dunque di cosa si sta parlando qui? La Siae sa che cos'è la rete e come ci si lavora? I siti nascono e muoiono di continuo; gli ipertesti possono essere trasformati o trasferiti da un punto all'altro del proprio sito. Che senso ha usare il tag iframe? Si rischia continuamente di avere dei link rotti.

**È giusto che il costo della pirateria informatica venga pagato dal web culturale?**

La Siae è sempre più intenzionata a colpire il web. Il pretesto è quello secondo cui sono molti i materiali sotto copyright che vi circolano: foto, film, musica... Col sito homolaicus.com, di rilevanza nazionale, ha voluto colpire anche l'uso di immagini di dipinti di artisti di fama mondiale: Picasso, Kandinsky, Klee ecc.

I mancati introiti dovuti alla pirateria informatica la stanno portando a sparare nel mucchio, vessando anche i siti no-profit. Le sue tabelle sono chiarissime in tal senso: la necessità di far pagare compensi è rivolta a tutti, anche ai docenti, salvo utilizzare le opere protette in aree riservate, sotto password, con esclusivo fine didattico.

La Siae ha la pretesa di dire al mondo della scuola e della cultura in generale come deve comportarsi in rete, affinché non si abbiano guai col diritto d'autore.

Il presidente Assumma sta addirittura pensando di proporre una tassa sulla registrazione dei domini, a titolo di risarcimento preventivo del danno, sulla scorta di quanto a suo tempo volle fare la legge Urbani nei confronti del costo dei cd vergini.

Sta diventando difficile restare in rete. Non è infatti possibile, ogniqualvolta si produce qualcosa di gratuito sull'arte contemporanea, andare a vedere se per caso nel file pdf della Siae (che non s'è neppure degnata di metterlo nella home e tanto meno di dotarsi di un motore di ricerca interno), non vi sia il nome dell'artista, tra gli altri 80.000, di cui abbiamo usato qualche opera.

Bisogna che i buchi neri della Legge n. 633/1941 vengano in qualche modo colmati, non foss'altro che per una ragione: la legge non può non tener conto del fatto che con l'avvento dell'era digitale, la facile riproducibilità su larga scala delle opere d'arte costituisce un potente strumento di diffusione della cultura.

Non si può usare il diritto d'autore contro il diritto a una cultura libera, gratuita e pubblica, a meno che non si voglia violare la Costituzione.

Bisogna quindi aprire un dibattito sul diritto d'autore in generale, per cercare di capire come emendare le leggi vigenti salvaguardando gli interessi di entrambi i diritti.

**La figlia di Severini ha davvero a cuore gli interessi patrimoniali del padre?**

Romana Severini, figlia del pittore Gino Severini, ha scritto una lettera alla Siae con la quale intende chiarire cosa rappresenta la divulgazione di opere dei grandi autori anche per gli eredi. "Non si vede perché i gestori di siti web di divulgazione artistico-culturale, magari come quello citato del benemerito professore cesenate Enrico Galavotti, non debbano pagare il tanto vituperato (anche se ridotto) dazio Siae, corrisposto, invece, dagli editori di pubblicazioni indirizzate all'insegnamento della storia dell'arte o della letteratura e destinate anch'esse alla divulgazione".

Così è scritto nel sito della Siae a questo link[19], ove in basso la dicitura riporta la scritta "Tutti i diritti riservati", per cui aspettiamoci una denuncia anche per questa "citazione" non richiesta.

Il motivo per cui non ha senso pagare questi diritti è molto semplice: il sottoscritto non è un "editore", anche se la Siae lo considera tale, cioè homolaicus non fa business, non utilizza le immagini per fare commercio elettronico, lucro, profitto o quant'altro. Chi sostiene il contrario sta prendendo una cantonata solenne.

Tutto quanto appare di "commerciale" in questo sito, dal circuito banner agli ad-sense di Google, o è a titolo gratuito o non costituisce minimamente fonte di lucro, e in ogni caso in nessuna maniera la visione

---

[19] Fonte: siae.it/edicola.asp?view=4&open_menu=yes&id_news=5270

degli ipertesti è vincolata alla fruizione di qualsivoglia forma di pubblicità.

Il proprietario e gestore del sito homolaicus non è iscritto al registro delle imprese, non ha partita iva, non emette fatture, non ha contatti diretti con alcun inserzionista, non ha mai accettato forme di pubblicità incompatibili coi contenuti del proprio sito, che è generalista e non dedicato soltanto all'arte, e tutto il suo sito è sottoposto a una licenza "Creative Commons".

Se Romana Severini si fosse soltanto degnata di chiedere al sottoscritto in che modo suo padre è stato trattato, si sarebbe accorta che non c'era niente di blasfemo o di falso: una foto ritrae il volto di suo padre in una jpeg in b/n di 5k 113x126 px, l'altra è relativa al dipinto "Danza dell'orso al Moulin Rouge" di 50k 353x488 px (entrambe prese dalla rete).

Per queste due immagini, che sono del gennaio 2005, la Siae mi ha chiesto 106 euro. Guardando le loro tabelle ufficiali, quelle presenti nel loro sito, avrei dovuto spendere 40 euro, visto che il sito è amatoriale, intestato a persona fisica e senza scopo di lucro. Dunque gli altri 66 a chi sarebbero andati?

"Io sono figlia di un pittore - ribadisce Romana Severini - e parlo in questa veste per ricordare che il nome di un artista, di norma, se diventa grande lo diventa dopo la sua morte e, spesso, legato a un periodo della sua produzione artistica. Produzione che, col tempo, può raggiungere valutazioni anche altissime. Ma il frutto di quelle opere, all'epoca, all'artista serviva appena per vivere e per portare avanti ricerca e lavoro. Non certo, di solito, per conservarle per i propri discendenti. Siamo, quindi, eredi soprattutto morali e quel poco di 'materiale' che ci arriva tramite il controllo della Siae serve per proseguire la nostra attività, anch'essa indirizzata alla divulgazione".

È vero, spesso un artista diventa grande dopo morto, ma è anche vero che non lo diventa certo grazie alla Siae, che se persiste in questo atteggiamento ostruzionistico nei confronti della cultura libera, gratuita e pubblica, finirà col trasformare l'artista in un illustre sconosciuto.

È da sciocchi infatti non rendersi conto che un ipertesto di 50 mega dedicato al futurismo, ora scomparso dal web mondiale, ha danneggiato tutti i futuristi italiani, compreso Severini, e li ha danneggiati non solo come visibilità ma anche dal punto di vista patrimoniale.

A me hanno contestato il mancato pagamento di immagini relative a dipinti di Picasso, Kandinsky, Klee, Matisse, Braque, Severini, Marinetti ecc. Dieci artisti morti da un pezzo, i cui eredi, non meno della Siae, ambiscono, a quanto pare, a campare di rendita sfruttando determinate royalties per 70 anni. Che poi sia la Siae e non gli eredi a essere maggiormente interessata a far quattrini, è cosa nota. Lo ha detto espressamente, di recente, lo stesso presidente Assumma in un'intervista rilasciata a La Stampa.[20]

Se qui diamo per scontato che una qualunque immagine digitale non è assolutamente in grado di riprodurre alcun dipinto, che è unico e irripetibile (altrimenti avrei dovuto essere considerato alla stregua di un falsario o di un plagiatore), chi davvero viene danneggiato da un utilizzo di immagini del genere?

Peraltro, essendo state messe in ipertesti culturali di livello medio-alto, totalmente privi di fini di lucro, proprio l'utilizzo che ne ho fatto ha contribuito in qualche modo a incrementare (diciamo indirettamente) il valore di quei dipinti e quindi i diritti patrimoniali (le rendite dinastiche) dei loro eredi.

Dunque chi può considerarsi in qualche maniera danneggiato? Mi è stato detto che possono esserlo i musei, le gallerie d'arte, le fondazioni, gli editori che producono cataloghi, locandine, poster... Ma davvero costoro sarebbero stati danneggiati da un formato così povero di contenuto digitale come il jpeg? Quale editore lo utilizzerebbe mai per farci un catalogo o un poster o una locandina a pagamento? Anche se avessi avuto un sito profit, un'accusa del genere, sul piano tecnico, non avrebbe potuto trovare solide fondamenta.

La copia di un dipinto è soltanto un altro dipinto: io ho utilizzato copie di jpeg pescate in rete (al massimo copie di fotografie scansionate da testi scolastici), e quest'ultime non possono certo essere considerate "copie" di dipinti. Se avessi utilizzato la copia di una fotografia artistica, sarebbe stato diverso.

E di quei dipinti ho sempre citato le fonti, non avendo motivo per non farlo, né ho mai modificato alcunché (in taluni casi ho soltanto aggiunto linee cerchi quadrati per meglio interpretarli, in quanto, essendo docente, faccio didattica).

Né ho mai messo alcun dipinto accanto a contenuto indegni, né mai ho vincolato la loro fruizione integrale ad alcuna azione di tipo commerciale.

Far pagare i diritti a me quando i tribunali assolvono gli imprenditori che usano software piratati dentro le loro aziende o gli studenti che scaricano in privato musica e film, mi pare quanto meno un controsenso.[21]

---

[20] Fonte: lastampa.it/_web/cmstp/tmplrubriche/tecnologia/grubrica.asp?ID_blog=30&ID_articolo=1962&ID_sezione=38&sezione=News
[21] Fonte: zeusnews.it/index.php3?ar=stampa&cod=5505

## No profit vs copyright

Servizio di Carlo Carione[22]

Migliaia di firme per chiedere di modificare le normative sul diritto d'autore. A raccoglierle, attraverso un'iniziativa lanciata sul proprio sito Internet, è l'Associazione nazionale insegnanti tutor e-learning.

Il via alle sottoscrizioni è stato dato dopo la multa di 5.000 euro inflitta dalla Siae al titolare di un piccolo sito dedicato all'arte e alla cultura (homolaicus.com) che presentava nelle sue pagine una settantina di fotografie in rappresentanza di altrettante opere di artisti viventi o scomparsi da meno di 70 anni.

Per la Siae (Siae.it) tutto questo ha evidentemente violato la legge n. 633 sul diritto d'autore, quella datata 22 aprile 1941 con successivo adeguamento del 22 maggio 2004. Ma per l'Anitel questa legge va rivista al più presto perché non individua nessuna differenza tra l'uso didattico-formativo e quello commerciale delle opere protette.

Non solo. A rischiare sanzioni, secondo i vertici dell'associazione, attualmente sarebbero siti scolastici o blog che utilizzano per puro scopo didattico immagini protette e citazioni d'autore, mentre particolarmente costose o addirittura insostenibili diventerebbero le rappresentazioni teatrali e i saggi di fine anno caratterizzati da sottofondi musicali alla presenza di pubblico o la realizzazione di cd rom didattici e la creazione di ipertesti.

Ecco perché, con la petizione lanciata il 28 gennaio scorso, Anitel chiede che tutte le attività non profit condotte a scopo educativo, formativo e didattico siano esentate formalmente dal versamento del diritto d'autore e che gli insegnanti vengano equiparati alla categorie che possono beneficiare gratuitamente di opere artistiche nel contesto professionale, senza fini di lucro.

Analoga richiesta Anitel la formula per i produttori di cultura off/on line a livello gratuito e per coloro che operano nello spirito del "cooperative learning", come le associazioni e le community non profit.

### Che cosa rende commerciale un sito?

Che cosa qualifica un sito come "**commerciale**"? Se riusciamo a stabilire questo, indirettamente potremo dire quali siti sono senza fini di lucro, cioè didattici o culturali o amatoriali non commerciali.

---

[22] Fonte: rai.it/TGRrubriche/pub/tgrArticolo/1,8268,,00.html

Secondo me un sito è commerciale:
1. quando chiede una registrazione a pagamento per accedere ai suoi contenuti;
2. quando chiede, pur in presenza di una registrazione gratuita, il pagamento per l'utilizzo di un contenuto specifico;
3. quando esiste un business to consumer, e quindi quando è ben visibile lo strumento del carrello, attraverso cui i pagamenti possono essere fatti con carta di credito, bonifico bancario, vaglia postale, c/assegno ecc.;
4. quando esiste un business to business, e quindi quando è ben visibile la presenza di un'area riservata, cui si può accedere solo tramite login e password;
5. quando il sito si avvale di inserzionisti a pagamento, cioè in maniera evidentemente commerciale.

In generale si dovrebbe dire che il "lucro" c'è quando per la fruizione del sito si vende qualcosa: o di materiale o di immateriale, o di beni o di servizi, oppure quando si diventa collettori di pubblicità altrui.

La posizione della Siae, sotto questo aspetto, ha dell'incredibile, in quanto essa considera un'attività didattica svolta in area riservata, protetta da password, del tutto legale anche quando fatta con materiale sotto copyright. Per essa vi è più differenza tra area privata e area pubblica, che non tra sito commerciale e non commerciale.

Quindi la Siae non può sapere se un docente in un'area privata mette a pagamento materiali protetti da copyright. Di fatto è preferibile per la Siae che un docente metta a disposizione, anche a pagamento, migliaia di materiali protetti in un'area riservata, piuttosto che offrire anche un solo materiale gratuitamente in pubblico.

Questo perché, evidentemente, per la Siae l'accesso a un'area riservata è generalmente consentito a poche persone o comunque riguarda un'infima minoranza rispetto all'utenza che può accedere a un'area pubblica, per cui il danno patrimoniale, nel primo caso, può essere quanto meno tollerato. Inoltre chi accede ad un'area riservata non può editare pubblicamente i materiali scaricati o acquistati o comunque utilizzati. Portando all'estremo questo ragionamento, la Siae finisce con l'incentivare proprio ciò che dice di voler combattere, e cioè l'uso illegale, in area privata, di materiali protetti da copyright.

Qui naturalmente è noto che la Siae parte dall'assunto, del tutto sbagliato, che un lavoro culturale su un'opera protetta, di cui non è stata chiesta l'autorizzazione per l'uso, costituisca di per sé un danno materiale, a prescindere dal fatto che proprio con quel lavoro culturale si sia invece incrementato economicamente il valore di un'opera, seppure in forma indiretta.

Sotto questo aspetto comunque, se esistesse una legge adeguata, chiunque gestisca un'area riservata dovrebbe esplicitarne ufficialmente l'uso (se gratuito o a pagamento) e i materiali contenuti (se gratuiti o a pagamento e se protetti o meno da copyright).

Vediamo adesso come può essere definito il concetto di "**inserzionista**". Do delle risposte personali, non legali.

L'inserzionista è colui che paga un'inserzione commerciale che vincola l'utente a compiere una determinata azione prima di permettergli di accedere ai contenuti di un sito.

Chi paga per un'azione del genere stabilisce un rapporto commerciale e contrattuale col titolare del sito.

Queste azioni possono essere di vario tipo:
1. il banner o logo o marchio o altro elemento si trova direttamente dentro il testo o il brano musicale, l'applicativo ecc., in una parola dentro l'oggetto telematico che si vuole utilizzare, per cui l'utente non può prescindere dal vederlo, dal leggerlo, dal sentirlo, né può rimuoverlo;
2. il banner o logo o marchio o altro elemento si pone all'attenzione dell'utente in via preliminare, obbligandolo, per poter leggere, visionare, scaricare il contenuto di un sito, o a guardare il banner per un certo periodo di tempo o addirittura a cliccarci sopra;
3. l'utente non può uscire da un sito se prima non visiona un determinato spot pubblicitario;
4. per poter accedere ai contenuti di un sito l'utente è costretto a usare un dialer a pagamento;
5. l'inserzionista può essere anche colui che paga semplicemente la propria visibilità in un determinato sito, a prescindere da qualunque azione possa fare l'utente; in tal caso però l'inserzionista deve avere un contratto commerciale col proprietario del sito.

Domanda: gli ad-sense di Google rendono "commerciale" un sito? Secondo me no, per due ragioni:
1. Google non paga la presenza delle proprie inserzioni nei siti ospitanti; infatti occorre che l'utente ci clicchi sopra;
2. gli ad-sense di Google non vincolano in alcun modo la fruizione dei contenuti di un sito.

Altra domanda: un circuito banner rende commerciale un sito? No, perché i banner possono essere ospitati a titolo gratuito, come scambio alla pari per la reciproca visibilità.

L'obiezione che spesso si fa a tali ragionamenti è la seguente: un'attività commerciale, per essere tale, non è obbligatorio che sia in attivo. Conta l'attività svolta, indipendentemente dal fatto che questa riesca a far fruttare quattrini. D'altronde è perfettamente normale che un'attività possa essere in passivo, o che faccia guadagnare poco.

A questa obiezione si può però rispondere che mentre un'attività didattica può anche essere svolta in forma del tutto gratuita *ad libitum*, è impossibile che possa esserlo anche un'attività commerciale, proprio perché chi la esercita deve necessariamente pagare delle spese, deve fatturare un certo reddito per potersi permettere la gestione di una partita iva.

Chi fa attività commerciale senza essere iscritto al registro delle imprese è sempre fuorilegge, anche se non guadagna nulla. La legge parla chiaro: chi vuol fare commercio in rete deve essere iscritto al registro delle imprese e deve dare comunicazione al Comune nel quale risiede.

Il D. Lgs. n. 114/98 (Decreto Bersani) non si applica: a chi non vende al consumatore finale (ossia chi effettua forme di vendita all'ingrosso in rete); a chi venda o esponga per la vendita le proprie opere d'arte, nonché quelle dell'ingegno a carattere creativo; agli industriali; agli enti pubblici per la vendita di pubblicazioni o altro materiale informativo sulla loro attività.

Il Commercio Elettronico consiste nello svolgimento di attività commerciali e di transazioni per via elettronica e comprende attività diverse quali: la commercializzazione di beni e servizi e la distribuzione di contenuti digitali on-line, l'effettuazione via Internet di operazioni finanziarie e di borsa, e in genere ogni iniziativa a supporto dell'attività commerciale di un'azienda che venga svolta sulla rete.

Si può fare commercio elettronico per conto terzi (p.es. Google) senza essere iscritti al registro delle imprese? Cioè ha senso sostenere che chi fa un contratto con Google per avere i suoi ad-sense si espone al rischio di diventare un sito commerciale?

**Per una cultura libera, gratuita e pubblica**
**Fair Use, No Copyright per il no profit**

Dopo più di due mesi di battaglia, con tanto di interrogazioni parlamentari, petizioni popolari, mozioni nei Consigli comunali, raccomandate da parte dell'avvocato, numerosi articoli, videoclip e videoblog, nonché interviste apparse sui giornali nazionali e nel web, la Siae continua a pretendere i diritti d'autore per le 74 immagini jpeg relative a dipinti di artisti come Picasso, Kandinsky, Klee, Matisse, Braque e vari Futuristi, utilizzate in ipertesti didattico-culturali nel sito homolaicus.com

1. La Siae si ostina a non rivelare i nomi dei files "incriminati", obbligando il docente a tenere rimossi o gravemente alterati i quattro ipertesti contenenti 70 mega di materiali, patrimonio culturale del web artistico mondiale.
2. La Siae si rifiuta di chiarire la metodologia dei calcoli con cui ha determinato i compensi. Ha fatto, molto presumibilmente, risalire tutti i files alla data di quelli meno recenti (agosto 2002). Ha compiuto i calcoli non sulla base delle tabelle ufficiali messe a disposizione nel proprio sito, ferme al giugno 2004, ma sulla base di tabelle ufficiose spedite in allegato alla prima raccomandata. Ha scritto testualmente di fare riferimento alla tabella n. 7.2 riferita a siti intestati a persona giuridica, quando in realtà homolaicus.com è intestato a persona fisica.
3. La Siae considera Homolaicus.com un sito che fa business con l'arte, quando in realtà Homolaicus non ha rapporti diretti con alcun inserzionista a pagamento, o comunque nessun inserzionista paga Homolaicus solo per il fatto di essere presente in questo sito (e il circuito banner di cui dispone è a titolo gratuito, per la reciproca visibilità dei rispettivi loghi). L'unico che paga qualcosa è Google, ma solo a condizione che l'utente compia una precisa operazione, cioè clicchi sull'inserzione. Nella fattispecie io ricevo un euro ogni 12 clic (in media) di 12 utenti diversi, con 12 ip diversi. Se qui avessimo a che fare con gente che del web sa le cose fondamentali, non ci sarebbe bisogno di spiegare che con un marchingegno del genere un webmaster non si paga neanche minimamente le spese che sostiene per mandare avanti il proprio sito. Peraltro Homolaicus non ha mai vincolato la fruizione integrale e il download dei propri ipertesti ad alcuna azione commerciale, e non ha mai accostato alcun ipertesto artistico a forme di pubblicità che potessero denigrarne i contenuti.
4. La Siae considera qualunque webmaster, e quindi anche il docente, come "editore" a tutti gli effetti e vuole imporre ai docenti, se vogliono restare "docenti", di fare didattica in area riservata, sotto password: solo così potranno non pagare i diritti d'autore. La Siae considera "pubblico", e quindi soggetto a compensi, qualunque luogo in cui si faccia "arte", a prescindere dalle finalità.
5. La Siae vuole togliere ai docenti l'uso del diritto di citazione di un'opera d'arte, chiaramente espresso nell'art. 70 della legge n. 633/1941 sul diritto d'autore.

6. La Siae non riconosce ai docenti il diritto di cronaca che invece riconosce ai giornalisti, e che permette a quest'ultimi di utilizzare liberamente determinate immagini protette.
7. La Siae non ha mai stipulato alcuna convenzione col Ministero della Pubblica Istruzione, con cui si potesse tutelare il lavoro degli insegnanti che nella stragrande maggioranza dei casi viene svolto a titolo gratuito.
8. La Siae considera il diritto d'autore un diritto al lavoro, quando per il periodo dei 70 anni previsti a favore degli eredi degli artisti, e quindi a favore della stessa Siae, tale diritto si configura chiaramente come un diritto alla rendita, che viene fatto valere anche nei confronti di chi non fa business.
9. La Siae sta proditoriamente usando il diritto d'autore contro il diritto alla cultura libera, gratuita e pubblica.
10. La Siae sta minacciando la chiusura del web didattico e culturale nazionale, dedicato all'arte degli ultimi 70 anni.
11. La Siae non ha mai emesso alcun comunicato stampa nel proprio sito, in cui dichiarava di pretendere compensi per l'uso di immagini jpeg poste in siti didattici e culturali.
12. La Siae considera, senza alcuna giustificazione tecnica, un'immagine jpeg, notoriamente di bassa risoluzione e quindi povera di contenuto digitale, come una "copia fedele dell'originale", a prescindere persino dalla sua grandezza. E nella fattispecie l'originale è addirittura un dipinto.
13. La Siae nega espressamente che dell'immagine di un dipinto si possa utilizzare anche solo una parte per poterla liberamente commentare.
14. La Siae non si è mai dotata di un database o di un motore interno che agevolasse la ricerca dei nominativi degli 80.000 artisti ch'essa tutela. Se si digita Picasso nella sua form di ricerca si ottiene questo risultato: "La ricerca non ha prodotto alcun risultato. Riprova con altre parole."
15. La Siae non ha mai messo i due fondamentali file pdf (degli artisti e dei compensi) in un luogo del sito facilmente accessibile, e cioè nella home page.
16. La Siae non ha mai concesso una moratoria ai docenti e ai webmaster culturali al fine di poter controllare i loro archivi sulla base degli autori sotto tutela.
17. Ma la cosa più grave di tutte è che la Siae sta violando almeno quattro articoli della Costituzione:

Art. 4: Se la Repubblica riconosce a ogni cittadino il diritto al lavoro per concorrere al progresso materiale o spirituale della società, dando per scontato che tale diritto debba essere remunerato, a maggior ragione deve riconoscerlo quando tale diritto non viene remunerato. Perché dunque imporre il pagamento di royalties a chi svolge un lavoro a titolo gratuito? Sostenere inoltre che il diritto d'autore è un diritto al lavoro anche per gli eredi degli artisti, significa soltanto sostenere un diritto alla rendita. E un diritto del genere non può risultare più importante del diritto al lavoro esercitato in maniera gratuita per il progresso "materiale" e, nella fattispecie, soprattutto "culturale" della società.
Art. 9: La Siae si pone contro la Repubblica che promuove lo sviluppo della cultura e della ricerca scientifica e tecnica imponendo compensi per lo sviluppo gratuito di detta cultura. E considerando che Internet è una rete mondiale, essa impedisce tale sviluppo oltre i confini nazionali.
Art. 21: La Siae è palesemente contro il diritto di ogni cittadino di manifestare liberamente il proprio pensiero con la parola, lo scritto e ogni altro mezzo di diffusione. L'unica eccezione al principio espresso nell'art. 21 dovrebbe essere quella del *plagio*, nel senso che non si possono usare opere altrui facendole passare come proprie. La storia purtroppo è piena di casi del genere (la stessa redazione della Bibbia ne è un esempio eloquente, dove spesso intorno all'identificazione degli autori dei testi circolano le più svariate ipotesi interpretative). Subordinata al plagio integrale (che risulta comunque evento poco frequente in campo artistico) è l'*alterazione*, cioè la modificazione di una parte dell'opera d'ingegno: cosa che, soprattutto con l'avvento dell'era digitale, è diventata molto frequente. In casi del genere l'utilizzatore dell'opera dovrebbe sempre citare le sue fonti, ovvero indicarne la paternità, la provenienza e la reperibilità, al fine di permettere un confronto obiettivo tra ciò che l'utilizzatore ha trattato e la fonte originaria. In ogni caso la Siae non può impedire il riutilizzo libero delle opere altrui, quando in ciò non si ravvisi il reato del plagio integrale o della parziale alterazione. Il progresso dell'arte e della cultura è sempre avvenuto e ancora avviene anche grazie ai reciproci condizionamenti delle opere dell'ingegno umano.
Il diritto d'autore non può essere configurato come obbligo a non tener conto di alcuna opera degli ultimi 70 anni, senza averne preventivamente pagato il compenso per l'utilizzo. Un obbligo del genere dovrebbe essere rifiutato anche da qualunque artista,

proprio perché l'arte è il risultato di una inevitabile contaminazione di opere differenti. In tal senso il diritto d'autore può valere soltanto finché l'artista è vivo: non può appropriarsi di questo diritto né l'editore delle sue opere, né l'erede dell'artista. Se il diritto d'autore si configura come diritto al lavoro, questo diritto cessa, necessariamente, con la morte dell'artista e, se si vuole farlo continuare, inevitabilmente esso si trasforma in un diritto alla rendita. E, come noto, ogni rendita è parassitaria e contraria al diritto di sviluppare la cultura. Se il diritto d'autore è semplicemente un diritto al riconoscimento di una paternità intellettuale dell'opera, ebbene è sufficiente sapere che questo diritto è eterno.

Con l'avvento dell'era digitale la riproduzione di un'opera, in forme diverse da quelle originali, è divenuta una pratica molto semplice e, proprio per questo motivo, molto efficace per la diffusione della cultura. Qualunque cosa può essere trasformata in "bit". Impedire un fenomeno del genere, che esiste in rete dal 1989, anno in cui è nato il world wide web, significa andare contro la storia e lo sviluppo tecnico-scientifico. L'unica cosa che si può fare per impedire la violazione del diritto d'autore è quella di citare la fonte originaria o comunque di dichiarare che la propria riproduzione è o non è conforme all'originale. Sono i musei, le fondazioni, gli archivi, le biblioteche ecc. che conservano gli originali: solo loro possono essere autorizzati a rivendicare un diritto d'autore quando ciò venga palesemente violato.

Le opere d'arte sono uniche e irripetibili. Qualunque loro riproduzione può essere tollerata a condizione che si affermi appunto che si tratta di una riproduzione (integrale o parziale) e a condizione che si specifichi il luogo ove poter visionare l'opera originaria.

Art. 33: L'arte e la scienza sono libere e libero ne è l'insegnamento. La Siae non può obbligare i docenti a mettere in area riservata, sotto password, le loro produzioni didattiche e culturali, per poter non pagare i diritti d'autore. La cultura offerta a titolo gratuito deve essere libera e pubblica.

**Come rivedere la legge sul diritto d'autore in maniera favorevole allo sviluppo della cultura, della formazione e dell'informazione nel web nazionale?**

All'origine dell'atteggiamento rigido che la Siae sta tenendo in questi ultimi tempi nei confronti dei siti didattici, culturali e informativi che utilizzano materiali protetti dalla legge sul diritto d'autore (n. 633/1941) è la mancata chiarezza su ciò che rende "commerciale" un sito web.

A tutt'oggi non esiste una definizione di "sito commerciale" comprensiva di tutte le forme di marketing esistenti in rete, che non sia cioè semplicemente inclusiva di quelle operazioni consuete di business che si riscontrano nella vita reale.

Indubbiamente un sito è "commerciale" quando il suo amministratore o comunque il proprietario del dominio è iscritto al registro delle imprese, possiede una partita iva e fa business to consumer e/o business to business, rilasciando, per le operazioni di vendita, una regolare fattura. Un sito è commerciale quando esiste la possibilità di vendere e acquistare, pubblicamente o in un'area privata, in maniera legale, determinati articoli o beni materiali o immateriali, servizi o contenuti digitali.

Una tale definizione però, pur essendo molto ampia, non riesce a includere tutte quelle tipologie di siti che a vario titolo risultano essere coinvolti in operazioni che in qualche misura possono essere definite di tipo "commerciale".

Infatti un sito può essere definito "commerciale" anche quando:
1. obbliga all'uso di dialer telefonici per accedere ai propri contenuti;
2. obbliga all'acquisto di un abbonamento che permette l'accesso a un'area riservata;
3. obbliga alla visione di banner pubblicitari per poter fruire di determinati contenuti (in tal caso i banner appaiono o direttamente dentro un testo, o preventivamente, prima di poter accedere a un determinato contenuto, o all'interno di una popup, che si sovrappone alla pagina web);
4. obbliga a cliccare su questi banner;
5. in generale obbliga all'uso di un qualsivoglia strumento di pagamento o induce espressamente a compiere una qualche azione che si può definire di "marketing".

In tutti questi casi non avrebbe senso permettere l'uso, da parte del gestore o proprietario del sito, di materiale protetto senza obbligo di pagarne i relativi diritti. Chi fa un qualunque uso commerciale dei propri contenuti digitali, è tenuto a pagare il diritto d'autore, là dove questo viene legalmente preteso.

Tuttavia la stragrande maggioranza dei siti didattici e culturali, nel web nazionale, non sono commerciali, e per le seguenti motivazioni:

1. i loro contenuti digitali, beni materiali o immateriali, servizi d'ogni genere, vengono forniti a titolo gratuito, senza obbligo ad alcuna azione di tipo commerciale;
2. generalmente detti siti offrono la possibilità di riprodurre i loro contenuti, fatta salva la citazione della fonte;
3. sempre più spesso questi siti dichiarano di avvalersi esplicitamente, nella loro home page, di una licenza di tipo "creative commons";
4. questi siti in sostanza vivono già in un regime di "fair use", avvalendosi della possibilità di uno scambio incessante, reciproco, dei contenuti digitali presenti nel web mondiale;
5. quando questi siti si avvalgono di talune forme pubblicitarie, oggi molto diffuse (p.es. gli ad-sense di Google), queste non interferiscono mai, in alcuna maniera, con la fruizione immediata e integrale dei contenuti digitali offerti, e gli introiti di tali sponsorizzazioni risultano del tutto irrisori rispetto alle spese vive e al costo del tempo impiegato per la gestione dei suddetti siti. È peraltro rarissimo che uno sponsor paghi solo per il fatto di essere presente in un determinato sito didattico o culturale. È noto infatti che i grandi siti collettori di pubblicità o sono gli stessi che nella vita reale detengono le leve del potere mediatico, oppure quelli che riescono a coinvolgere ogni giorno migliaia di utenti.

I problemi subentrano (e il caso di Wikipedia è il più emblematico di tutti) quando questi siti utilizzano materiali protetti dal diritto d'autore, come immagini, musiche, testi, animazioni ecc.

Fino ad oggi si pensava che per i siti non profit fosse sufficiente citare la fonte e, relativamente all'uso delle immagini, non si era mai pensato che l'uso, ampiamente praticato in rete, di un formato così povero di contenuto digitale come il jpeg, potesse costituire una violazione dei diritti d'autore altrui.

Per quanto riguarda i testi, nessun insegnante s'è mai sognato di mettere in chiaro dei testi integrali, ancora sotto copyright, pubblicati dagli editori. Tutti sanno infatti che devono passare 70 anni dalla morte dell'autore e generalmente ci si sente autorizzati a riprodurre solo quei testi che vengono pubblicati sul sito "storico" di Alice, la cui rilevanza nazionale ha indotto altri siti (p.es. Intratext) a seguirne l'esempio, sulla scia di quanto si sta già facendo a livello internazionale.

Discorso completamente diverso è quello relativo alla musica, dove fino a ieri si pensava che files meramente digitali e privi di interpretazioni canore, e quindi facilmente riproducibili da parte di chi conosce la musica, come p.es. i MIDI, potessero essere liberamente utilizzabili in siti non profit. Nonostante questo nessuno ha mai pensato di poter fruire di analoga libertà nei confronti dei files audio detti "MP3", pur essendo questi una versione degradata dei classici "WAV".

In ogni caso le recenti, inedite, posizioni della Siae hanno posto seri problemi, in rete, non tanto in riferimento a testi o canzoni, quanto piuttosto in riferimento alle immagini. Per la prima volta il mondo didattico e culturale nazionale ha dovuto constatare, spesso a proprie spese, che l'uso non autorizzato di immagini jpeg in siti non commerciali costituisce una violazione del diritto d'autore.

La Siae ovviamente sa di non poter contrapporre meccanicamente il diritto d'autore al diritto costituzionale a una cultura libera, gratuita e pubblica; e tuttavia, sapendo anche che al momento non esiste una definizione sufficientemente chiara di "sito commerciale", tende ad approfittare delle lacune legislative mettendo sullo stesso piano i siti didattico-culturali con quelli commerciali, ovvero ponendo differenze soltanto sull'entità degli importi dovuti.

Ora è ovviamente impossibile aspettarsi dalla Siae una proposta utile allo sviluppo del diritto alla cultura. La Siae difende il diritto d'autore e quindi solo il Parlamento può fare in modo che questo diritto non vada a danneggiare quello alla cultura e alla formazione in generale, che in rete ha avuto un grande sviluppo.

Dunque quali possono essere le proposte che il governo in carica può fare al Parlamento in ordine a una modifica della legge sul diritto d'autore che non penalizzi le attività culturali e didattiche della rete nazionale?

Le proposte potrebbero essere le seguenti:
1. censire tutti i siti nazionali che dichiarano non solo di essere didattici o culturali o semplicemente informativi, ma anche di essere disponibili a sottoporsi a una licenza di tipo "creative commons" e ad accettare il regime del "fair use", il che in sostanza significa che tutti i loro contenuti possono essere riprodotti integralmente in siti della medesima tipologia, a condizione che venga citata la fonte e che nessun contenuto digitale possa essere oggetto di commercio;
2. approntare un albo nazionale a cui possano gratuitamente iscriversi gli operatori didattici e/o culturali di detti siti (e di quelli futuri), disposti ad accettare le regole del "fair use", onde poter beneficiare del libero utilizzo di materiali protetti dal diritto d'autore;
3. incaricare la Siae e altri enti preposti alla tutela del copyright a concedere a detti siti una liberatoria, valida a livello internazio-

nale, per l'utilizzo a titolo gratuito e pubblico di materiali protetti dal diritto d'autore;
4. autorizzare un uso didattico, culturale, informativo, parziale o integrale, di opere tutelate dal diritto d'autore, alle seguenti condizioni: che l'opera non venga alterata o modificata in modo da pregiudicare la paternità del suo autore; che pur in presenza di alterazioni o modificazioni si possa sempre e comunque risalire in maniera evidente all'originale integro; che lo scopo dell'utilizzo sia manifestamente privo di alcun fine di lucro; che venga sempre citato il legittimo proprietario dell'opera in oggetto; che venga riportato, quando necessario, il nome della sede in cui l'opera è collocata, onde poterla identificare in maniera certa. Con l'espressione "assenza di fine di lucro", relativa alla natura di un sito commerciale, s'intende che la fruizione integrale dell'opera deve restare assolutamente gratuita e non può essere in alcun modo vincolata all'utilizzo di qualsivoglia forma di azione commerciale o di pubblicità o di marketing.

Qui si può concludere dicendo che la scelta del "fair use" non sarebbe affatto penalizzante per il copyright. Lo dimostrano i dati provenienti dagli Usa, dove da tempo si è adottata questa regolamentazione nell'uso delle opere protette. Stando infatti alle stime della Computer and Communications Industry Association, se nell'ultimo decennio il copyright ha permesso un giro d'affari di circa 1,3 trilioni di dollari, il fair use avrebbe raggiunto la cifra dei 2,2 trilioni. Le attività e le industrie che dipendono dal fair use costituiscono un sesto dell'intero prodotto interno lordo degli Stati Uniti ed hanno finora generato 11 milioni di posti di lavoro.

## Mail private e commenti in rete

I

E.G. Lo sanno gli eredi di Picasso, Kandinsky, Klee, Matisse, Marinetti, Balla, Severini, Braque, Cangiullo, Carrà che, obbligandomi a rimuovere 70 mega di materiali dedicati a loro, la Siae ha danneggiato gravemente i loro interessi?

Risposta: La cosa tragicomica è che anche se lo sapessero e non fossero d'accordo con la Siae, non potrebbero farci proprio niente, visto che la Siae gestisce queste cose in totale esclusiva.

Nemmeno se l'autore stesso, iscritto alla Siae, concedesse in uso gratuito una sua opera, questa potrebbe essere lecitamente usata, se la Siae si opponesse.

E.G. Se avesse voluto concederla gratuitamente non si sarebbe iscritto alla Siae.

Risposta: Non è detto. Avrebbero potuto concederla a titolo gratuito per alcuni specifici utilizzi.

Tanto per fare un ipotesi, se un cantante volesse fare un concerto di beneficenza, cantando gratis per una qualche associazione, ebbene non lo potrebbe fare. Quando leggete che un cantante si è esibito gratis, in realtà è stato pagato.

candido2k.blogspot.com

II

Ecco solo alcune delle innumerevoli conseguenze dirette che si verificano rispettando le condizioni della Siae:

1- qualsiasi sito scolastico o blog didattico che utilizza per puro scopo didattico file sonori, immagini protette, citazioni d'autore, rischia ingenti sanzioni e quindi la chiusura immediata;

2- le rappresentazioni teatrali, i saggi di fine anno caratterizzati da sottofondi musicali alla presenza di pubblico o dei genitori sono insostenibili dal punto di vista economico;

3- la realizzazione di cd rom didattici e la creazione di ipertesti sono estremamente costose;

4- la libertà didattica e le specifiche competenze professionali degli insegnanti ne risultano condizionate.

Valerio Pedrelli - Presidente dell'associazione Anitel

III

**Scritta a un giornalista di ItaliaOggi, Giovanni Scancarello**

Dieci anni fa in rete eravamo quattro gatti, quasi tutti docenti. Io avevo un sito chiamato criad.unibo.it/galarico/, da tempo chiuso perché ho trasferito tutti i materiali in homolaicus.com Per noi tutti era una novità incredibile poter fare cose didattiche a distanza. Pensa che una delle primissime fu proprio col tuo giornale, dedicata alla pubblicità cartacea volgare, che ora puoi vedere qui: www.homolaicus.com/linguaggi/spot/ Ci aiutò il vostro vice-direttore Claudio Mori.

Per dieci anni nessun docente ha mai pensato di dover chiedere alla Siae i diritti d'autore per delle immagini o dei file midi scaricati dalla rete e messi negli ipertesti. La stessa Siae è in rete dal 1997 e non ha mai pensato di chiedere qualcosa a qualcuno che lavorasse in campo didattico-culturale.

Ora non so perché si stia comportando così: probabilmente la pirateria informatica ha decurtato i suoi incassi, ma non per questo credo debba prendersela con la nostra categoria.

È vero che da un po' abbiamo iniziato a mettere le pubblicità di Google nei nostri siti, ma sostenere - come fa la Siae - che con queste pubblicità un sito didattico si trasforma in sito commerciale, è insensato.

Google ti fa guadagnare un euro per (se non ricordo male) 12 clic da parte di 12 persone diverse: alla fine sono cifre assolutamente ridicole, rispetto alle ingenti spese che ogni docente deve sostenere per l'adsl, il software, l'hardware, la documentazione per elaborare ipertesti e soprattutto per l'enorme tempo che occorre per realizzare gli ipertesti.

La Siae mi ha addirittura accusato di tenere un circuito banner pensando a chissà quali favolosi profitti io riesca a maturare. Ebbene, tutti i banner sono stati messi a titolo gratuito o come scambio alla pari, per aumentare la reciproca visibilità. Io non ho p. iva, non sono iscritto al registro delle imprese, non ho una contabilità o un commercialista che me la tiene. Di tutte queste cose non so nulla.

È vero che in certe pagine ho messo delle pubblicità che potrebbero fruttarmi qualcosa, ma se proprio vuoi sapere quello che ho maturato, ti do login e password, così lo puoi vedere da solo: 11 euro in 4 anni!

Sotto questo aspetto dovrei almeno essere considerato come quell'extracomunitario che beneficia della sentenza del Tribunale di

Roma (15.2.2001), secondo cui non è reato vendere cd piratati quando lo si fa per campare.

Tutto ciò per dirti che un docente non lavora certo per i redditi che ricava dalla rete. Generalmente lo fa per pura passione personale, perché gli piace fare qualcosa di utile, soprattutto ai propri studenti, ma anche ad altri colleghi.

Noi viviamo del nostro ridicolo stipendio. Alla Siae ho mandato il cedolino e forse avranno strabuzzato gli occhi quando avranno visto il misero importo finale, al netto delle tasse. Io sono persino disponibile a che mi si faccia un controllo finanziario del mio conto corrente.

E poi, stando alle telefonate e alle tabelle, la Siae non fa differenza tra sito didattico e sito commerciale, se non negli importi dovuti: per un sito amatoriale come il mio dovrei pagare 120 euro l'anno per 50 opere protette.

La cosa veramente curiosa è proprio questa, che da un lato la Siae mi rinfaccia di avere aspetti commerciali nel sito e dall'altra che mi farebbe pagare i diritti anche se non li avessi.

Insomma voglio dirti che colpire una categoria come la nostra, che ha creato e sviluppato il web in maniera del tutto gratuita e disinteressata, che ha dato lustro in tutto il mondo soprattutto agli aspetti culturali della nostra rete, è un'azione che a definire inqualificabile sarebbe poco.

Peraltro l'ipertesto su Kandinsky è in rete da un decennio (l'ho fatto insieme a una prof di educazione musicale, Luisanna Fiorini, che qui voglio citare perché ho ancora un gran bel ricordo di lei); anche la Siae è in rete da un decennio, ma solo adesso se ne è accorta e solo adesso lo sanziona. Perché? Un atteggiamento del genere mi pare un po' terroristico.

Se vogliono applicare alle immagini web le stesse regole che applicano per la musica nella riviera romagnola, devono darci il tempo di metterci in regola, visto che per un decennio non ci ha detto niente nessuno.

A noi sarebbe bastato ricevere una comunicazione ufficiale, o da parte del nostro Ministero, o da parte della stessa Siae, che avrebbe potuto fare una conferenza stampa, o mettere un avviso sui maggiori quotidiani.

In sei mesi, un anno al massimo, avremmo controllato tutti i siti nazionali (solo il mio ha più di due giga di materiali).

Questo atteggiamento persecutorio non ce lo meritiamo, anche perché se non ci fossimo stati noi docenti a sviluppare la rete, credendoci anche quando si andava a 14k e col browser si disabilitava la visione delle immagini per rendere più veloce il caricamento delle pagine, non ci sarebbero poi entrate le aziende, gli editori e gli stessi quotidiani come il tuo.

IV

**La Siae non fa differenza, se non negli importi dovuti, tra sito didattico e sito commerciale**

Un sito amatoriale o didattico che non avesse nulla di commerciale, neanche gli ad-sense di Google, deve comunque pagare 120 euro l'anno per 50 immagini protette: sono le loro tabelle a dirlo.

È poi il dirigente Siae che, rendendosi conto dell'assurdità di questa disposizione, che evidentemente non si sono ancora sentiti in dovere di applicare alla lettera, è costretto a prendere a pretesto i miei banner per dire che in realtà io gestisco un sito commerciale.

Il che poi viene contraddetto dal fatto che mi avrebbero fatto uno sconto della "pena" proprio a motivo del carattere culturale del mio sito.

Se mi avesse dovuto colpire a causa degli ad-sense, che si trovano ormai su tutti i siti, e non a causa dei banner, a quest'ora, dopo la mia, sarebbero state spedite decine se non migliaia di raccomandate.

Dall'intervista del dirigente Siae si evince che sono proprio i banner a spingerli a intervenire (e non tanto gli ad-sense), quei banner che al sottoscritto non danno assolutamente nulla, in quanto o posti a titolo gratuito o funzionanti in maniera del tutto diversa dagli ad-sense, che come noto sono basati sul semplice cliccaggio.

In quattro anni dai banner ho "maturato", non "incassato" circa 11 euro!

Peraltro negli ipertesti artistici non ho mai messo alcun banner ma solo ad-sense, le cui inserzioni, stando a Google, dovrebbero essere contestuali ai contenuti degli ipertesti (cosa che io non vado certo a verificare pagina per pagina).

Insomma le azioni della Siae ci costringeranno in ogni caso, con o senza banner o ad-sense, a mettere i nostri ipertesti artistici sotto password, se vogliamo usare uno degli 80.000 artisti da loro protetti.

Oppure prima di fare un ipertesto andiamo a cercare in quali siti esistono le immagini che vogliamo usare e riprodurle col tag iframe. Davvero vogliamo arrivare a questi livelli di macchinoseria?

V

È che il mondo della scuola vive separato da quello della società civile.

Noi insegniamo ai ragazzi a volersi bene, a rispettarsi, a non basarsi sull'interesse personale nel rapporto con gli altri. Poi quando entrano in società si accorgono che è tutto il contrario. E loro cambiano, mentre noi docenti restiamo sempre uguali, tenacemente ancorati a valori che non esistono più da tempo.

Ecco perché chi ci accusa di aver violato il diritto d'autore non si rende conto che noi non potremmo farlo neppure volendolo, proprio perché siamo totalmente privi di mezzi.

La nostra è una battaglia persa in partenza e se la società del business ci vuole morti, che si sappia che ormai lo siamo già.

VI

Come io devo dimostrare che col mio ipertesto critico non ho violato la dignità morale dell'artista e i diritti patrimoniali degli eredi, così dovrebbe dimostrare il contrario la Siae, e non punirmi per il semplice fatto di averlo messo. E per dimostrarlo occorrerebbe un esperto in materia, un critico d'arte, uno Sgarbi insomma.

Quanto alle lesioni patrimoniali, il mio ipertesto dovrebbe porsi in concorrenza con qualcosa di significativo: p.es. col fatto che, vedendolo al monitor, uno si risparmia di andare in un museo o galleria d'arte per vedere di persona l'originale (il che sinceramente parlando mi pare inverosimile: di norma un ipertesto culturale sortisce l'effetto contrario).

Presso i siti commerciali che trattano d'arte, sotto al quadro ci sono solo due parole di didascalia e poi l'icona del carrello. Io faccio infinitamente di più. Un ipertesto, al massimo, potrebbe essere concorrenziale a un catalogo, a un libro d'arte, ma certamente non per la qualità delle immagini.

Io metto nel mio sito le cose gratuitamente, liberamente scaricabili da chiunque, ma se le stesse identiche cose le avessi offerte a pagamento a qualche sito commerciale, proprio al fine di aiutare l'artista a vendere meglio la propria opera, dubito che questi vi si sarebbe opposto. E allora perché devo essere penalizzato dalla Siae quando le offro gratuitamente a chiunque?

E come se la Siae mi dicesse: "guarda che tu non puoi favorire gli interessi materiali di un artista se lo stesso artista non ti autorizza". Col che mi farebbe chiaramente capire che coi miei ipertesti io sto in realtà ledendo gli interessi patrimoniali della stessa Siae, la quale con la questione della dignità morale non vuole fare altro che spaventarmi e farmi sentire un truffatore. Meriterebbe d'essere denunciata proprio per aver offeso la mia personale dignità.

Quanto agli ad-sense di Google, se bastano questi a trasformare un sito da culturale a commerciale, allora chiudiamo baracca e burattini e lasciamo il web solo a chi fa business.

Io sono un ignorante in materia, ma qual è l'incasso massimo possibile in un anno per non dover essere costretti a prendere la p.iva? Stai a vedere che per questi ridicoli ad-sense devo andare dal commercialista!

## VII

Il punto che più mi ha dato fastidio nella raccomandata della Siae, e che il dirigente ha ribadito pubblicamente su "Punto Informatico", è che avrei violato la *dignità morale* dell'artista.

Supponiamo ora che vi faccia vedere (in via del tutto confidenziale, altrimenti mi prendo una seconda denuncia) uno degli ipertesti che la Siae considera lesivo della dignità di Picasso. Ebbene in fondo alla raccomandata, in un NB, hanno scritto che gli eredi di Picasso si sarebbero riservati di denunciarmi in sede separata per l'immagine messa in un puzzle, che secondo loro io avrei scomposto in tessere, quando invece si tratta di un effetto ottico creato dall'applicativo in java (l'immagine l'ho presa dalla rete).

Un atteggiamento del genere mi fa pensare che qui noi si abbia a che fare con gente che capisce poco o nulla del web.

Prima di dire che un docente viola la dignità morale di un artista, la Siae dovrebbe avvalersi della competenza di un esperto d'arte e di un esperto informatico, e comunque, in ultima istanza, dovrebbe essere un giudice a decidere di una cosa così grave e infamante.

L'ipertesto su Kandinsky l'ho messo in rete dieci anni fa: nessuno, prima della Siae, mi aveva detto che stavo violando la dignità morale di questo genio dell'umanità. Vorrei tanto conoscere gli eredi di questi artisti e sentire da loro cosa ne pensano.

Ma la cosa più tragicomica è che anche se questi eredi non fossero d'accordo con la Siae, non potrebbero farci proprio niente, visto che la Siae gestisce gli artisti in totale esclusiva. Nemmeno se l'autore stesso, iscritto alla Siae, mi concedesse in uso gratuito una sua opera, questa potrebbe essere lecitamente usata, se la Siae si opponesse.

Tu ora potrai dire quello che vuoi, ma io questo atteggiamento lo chiamo mafioso. E qui ne voglio aggiungere un'altra. Fino a ieri (anche stando alle telefonate fatte alla Siae) ero convinto che solo i giornalisti, in virtù del diritto di cronaca, potessero utilizzare liberamente immagini protette senza pagarne i diritti.

Ora leggi cosa mi dice un avvocato che insegna all'università di Padova: "Sul fatto che i giornalisti non si pongano problemi in ordine al diritto d'autore, questo è fatto noto. Confermo invece che intendevo parlare del diritto di cronaca e non solo del diritto di citazione di un'opera. Infatti, temo che sull'argomento si faccia (volutamente) un po' di confusione. Se si parla dell'esimente prevista dall'art. 51 del codice penale per il reato di diffamazione a mezzo stampa, l'esercizio del diritto di cronaca e di critica viene *normalmente* riconosciuta ai giornalisti. Ma, più in generale, il diritto di cronaca è derivato dalla libertà di espressione, ovviamente sancito dalla Carta costituzionale e dalla Conv. europea dei diritti umani (che Ti consentirà evidentemente una tutela dinnanzi alla CEDH)."

Cioè non solo non dovremmo guardare i giornalisti come dei privilegiati nei nostri confronti, ma dovremmo addirittura considerarci al pari di loro, proprio in virtù della Costituzione!

## VIII

Il mondo della scuola sa bene che gli ipertesti didattici e culturali offrono un valore aggiunto alla rete. Con un ipertesto critico, motivato, offerto a titolo gratuito, non solo non si violano i diritti patrimoniali degli eredi ma, al contrario, li si incrementano. Più un dipinto viene commentato, esaminato da intellettuali ed esperti e più esso nei musei, nelle aste, nelle gallerie aumenta di valore.

Dovrebbero essere i docenti a fruire di royalties da parte degli eredi degli artisti. Quanto paga un artista per essere presente in un catalogo, in una mostra, per avere una recensione da parte di un critico d'arte? Con noi invece non paga nulla, anzi beneficia di pubblicità e sponsorizzazione praticamente a tempo illimitato in uno spazio illimitato per un pubblico illimitato.

Perché dobbiamo essere noi a pagargli i diritti d'autore quando non glieli pagherebbe neppure un giornalista che usasse le stesse immagini?

I nostri stessi ipertesti sono opere di ingegno creativo, eppure noi li mettiamo a disposizione di tutti. E in questo momento non siamo neppure protetti giuridicamente da chi volesse farne un uso commerciale senza chiedercene il permesso.

Dunque perché questo accanimento contro degli operatori che si vogliono muovere semplicemente per il bene della cultura e della formazione libera e pubblica? Ha forse piacere un artista essere presente solo in un sito commerciale di arte in cui accanto al suo dipinto vi è una didascalia di poche righe e l'icona del carrello?

Vi sono alcuni che vorrebbero arrivare alla conclusione che nel nostro caso dovrebbe essere il Ministero della P.I. a pagare i diritti d'autore, magari in maniera forfettaria. Io invece sostengo che i docenti dovrebbero fruire gratuitamente di una sorta di "bollino Siae", che li tuteli dalla pirateria o da un uso improprio o lucrativo dei loro materiali, e anche dalla eventualità di denunce da parte di terzi, ivi incluse le Siae di altri paesi.

È assurdo sostenere che i diritti vanno pagati da chi non trae alcun beneficio economico. A meno che qualcuno non voglia sostenere che gli ad-sense di Google trasformano un sito da didattico a commerciale, ma allora dovremmo chiarirci sul significato della parola "commerciale". In rete i siti commerciali sono quelli che "vendono" beni (materiali o immateriali) e servizi, sono quelli che fanno B2C o B2B, sono quelli che hanno carrello e partita iva, sono quelli che hanno circuiti banner a pagamento, sono quelli intestati a persone giuridiche. Da me non c'è nulla di tutto questo.

E comunque la Siae non fa differenza, se non negli importi dovuti, tra sito didattico e sito commerciale.

## IX

La cosa singolare in questa vicenda è che sono stati proprio gli americani a pretendere il fair use contro il copyright.

È difficile pensare a una qualche motivazione filantropica quando si muove uno yankee.

Quindi è molto probabile che il fair use, pur venendo incontro alla diffusione libera della cultura, sia in realtà una forma di incentivo per gli artisti minori, per farli conoscere in un mercato dominato dai monopoli della comunicazione (bisognerebbe analizzare il background che ha fatto nascere il fair use).

E sai com'è, da cosa nasce cosa: una volta noto in maniera sufficiente, uno comincia a essere chiamato per fare questo e quello, e certamente non in maniera gratuita.

Perché questa forma di capitalismo liberale non è possibile da noi? Per la semplice ragione che il nostro capitalismo è dominato dalla logica della rendita.

Quando la Siae dice che il diritto d'autore è un diritto al lavoro, può aver ragione nei confronti dell'artista, ma sicuramente ha torto nei confronti dei suoi eredi, i quali appunto, come la stessa Siae, vogliono campare di rendita.

Qui si è in presenza di una cultura vetero-cattolica che non si è sufficientemente protestantizzata.

La Siae è un rudere del passato, che poteva andar bene quando gli editori sfruttavano senza scrupoli gli autori letterari (famosi i casi di Salgari, Pirandello...). Ma nell'era digitale, dove è proprio la facilità della riproduzione che permette ampia diffusione della cultura, essa non ha più senso.

## X

Nei libri di testo c'è sempre il bollino Siae, per non parlare del fatto che non puoi usare più del 15% fotocopiato o scansionato senza dover pagare la Siae, mentre oltre questa percentuale devi pagare aidro.org.

La differenza tra le due società è che la prima ti fa pagare per l'uso personale, l'altra per l'uso commerciale.

La cosa curiosa è che la Siae non riesce a capire che l'uso "personale" o privato o individuale è per un docente immediatamente "didattico".

Infatti che bisogno avrei di andarmi a fotocopiare un libro di testo non adottato quando potrei averlo gratis direttamente dall'editore? Se faccio delle fotocopie è perché penso di usarle coi miei ragazzi. Ebbene, entro il 15% dovresti pagare dei diritti, in quanto distribuendo fotocopie di un testo ancora in commercio per un'utenza che, essendo "classe", è "pubblica", tu danneggi editore e autore. Li danneggi proprio mentre fai "didattica"! A meno che ovviamente il testo sia fuori commercio. Solo che gli editori mettono in preventivo che le ristampe le faranno anche per i prossimi 10 anni (anche se poi magari non è vero), sicché tu non puoi fotocopiare gratuitamente parti di un testo che è destinato a restare solo teoricamente sul mercato.

Oltre il 15% queste società danno per scontato che tu voglia vendere le fotocopie o le immagini scansionate, per cui devi pagare l'Aidro. Questa cosa è scritta in tutti i libri di testo, in quanto esiste un accordo del 18-12-2000, firmato non solo dalla Siae ma anche da Confartigianato, Confcommercio, CNA ecc. Ed è talmente vergognosa che verrebbe voglia di dire agli editori (ma dovremmo farlo come categoria) che se nei libri di testo non appare la dicitura: "Sono ammesse fotocopie illimitate solo a condizione che la finalità sia didattica o culturale e che la distribuzione avvenga a titolo gratuito nell'ambito della medesima scuola in cui opera l'insegnante", noi non li adotteremo.

Io da quest'anno evito di adottare libri di testo ove appare la dicitura: "Non sono vendibili separatamente".

La scuola italiana è totalmente schiava degli editori e il Ministero ci obbliga a tenere la testa bassa, perché, per non adottare alcun libro di testo, si va incontro a un milione di beghe.

## XI

È noto che i dirigenti della Siae stanno pensando di proporre una tassa sulla registrazione dei domini, partendo dal presupposto che sul web viaggiano materiali protetti da copyright. In questa maniera si reitera, trasferendola in altro settore, la guerra preventiva contro la pirateria informatica, inaugurata dalla legge Urbani nei confronti del costo dei cd vergini.

## XII[23]

Immagino sia noto a tutti che il regime attuale, dietro la foglia di fico della tutela dei diritti d'autore, in realtà è orientato a massimizzare le rendite per una minoranza di "grandi" artisti o presunti tali, nonché gli introiti di un'istituzione, la Siae, che definire anacronistica sarebbe quasi un complimento, e che è sempre in prima fila quando si tratta di alzare polveroni in difesa degli interessi del grande business dell'intrattenimento.

Esiste un paradigma del lucro sulla produzione artistica che resta aggrappato all'ectoplasma di un sistema preistorico e, anziché confrontarsi con le pulsioni libertarie e mutualistiche largamente presenti nel web e nel corpo sociale, reclama (e spesso ottiene) dispositivi polizieschi (la criminalizzazione degli scambi culturali) o giuridici (l'ampliamento a tempi biblici della copertura del diritto dopo il decesso dell'interessato), per perpetuare il risultato economico di un modello-zombi che si aggira in un mondo che non è più il suo.

Il fenomeno Siae si inquadra in un sistema normativo, veicolato da forme grottesche di deterrenza istituzionale, che si risolve in una funzione di ostacolo alla crescita culturale e alla libera circolazione della conoscenza nel nostro Paese. Quante volte ci siamo sentiti dire da qualche amico "non lo posso fare (che so, una serata di poesie o tre quarti d'ora di teatro) perché alla Siae mi hanno chiesto duecento euro..."!

---

[23] Zenone Sovilla, Consigliere Nazionale FNSI, "Senza Bavaglio". it.groups.yahoo.com/group/senzabavaglio/message/3770

All'iscritto Siae è fatto divieto, per statuto, di donare al pubblico sue creazioni: la Siae ha sempre e comunque il diritto/dovere di esazione.

E se per caso avete intenzione di utilizzare opere rilasciate sotto licenza libera da un autore che, in Italia o all'estero (in quanto iscritto a enti "gemelli" convenzionati per la reciprocità), abbia trasgredito al divieto, secondo la Siae avete torto marcio e sarete trattati di conseguenza (anche se magari nel Paese di origine il divieto non esiste...).

Inoltre, a un qualunque libero cittadino che volesse far circolare liberamente una sua creazione, mettiamo un ritornello sul giro di do, è fatto obbligo, a norma di legge, di pagare la tassa sul supporto utilizzato per riprodurre l'opera, anche se lo fa solo per regalarla alla fidanzata o ai condòmini vicini di casa.

Personalmente mi è capitato di girare un documentario sulla questione inceneritori nel quale ho utilizzato esclusivamente musiche rilasciata con libera Creative Commons, che ovviamente tutela il diritto d'autore ma consente il libero utilizzo dei materiali che possono essere rilasciati con una serie di limitazioni a discrezione dell'autore (se ne può consentire o meno l'uso commerciale, l'utilizzo parziale in opere derivate, l'utilizzo in altre opere a patto che siano a loro volta rilasciate con la medesima licenza, ecc.).

Come noto, il fenomeno delle licenze libere oggi rappresenta un vasto movimento internazionale, dotato di solide basi giuridiche (in qualche caso già all'attenzione del legislatore); l'Italia non fa eccezione, ma le istituzioni non solo ignorano tutto ciò: oppongono resistenza per assecondare le pressioni delle lobby affaristiche del settore "spettacolar-culturale".

Pensate, per tornare al mio caso, che quando ho telefonato all'ufficio Siae di Verona, competente per territorio in fatto di bollini e balzelli sulla distribuzione di opere audiovisive, quando ho spiegato che l'intera opera era senza fine di lucro e nasceva e si sviluppava nell'ambito delle licenze creative commons, mi hanno detto che non sapevano di che cosa io stessi parlando... La linea evidentemente è far finta di niente e andare avanti come un panzer, tirare la corda al massimo, sperando che duri.

Credo tuttavia sia un obbligo etico di chi ha a cuore il diritto alla conoscenza fare in modo che si strappi il velo ipocrita della tutela del diritto d'autore e si segua la via tracciata dalla moltitudine di persone impegnate nel mondo delle licenze libere, che è una nuova forma per tutelare il diritto d'autore e il lavoro di artisti e intellettuali.

Enti come la Siae avrebbero molto meno lavoro, anche se è ovvio che qualcosa resterebbe da fare, anche in un mondo nel quale l'approccio poliziesco viene sostituito da una gestione dinamica e flessibile del copyright che nulla toglie al diritto dell'autore.

L'orientamento poliziesco, fra l'altro, ha un duplice effetto collaterale: deterrente della libera iniziativa culturale dal basso (di chi ha pochi denari in tasca) e catalizzatore della propensione a "delinquere", trasgredendo norme talmente rigide che sembrano un invito a non rispettarle.

Un altro esempio significativo che ho vissuto in prima persona riguarda le opere pittoriche: pochi anni fa volevo usare una riproduzione del "Quarto Stato" di Pellizza per la copertina di un libretto su Andrea Caffi.

Dato che si parlava di socialismo libertario, mi venne l'insana idea di chiedere l'autorizzazione alla Galleria Civica di Milano: ero certo che si sarebbe trattato solo di ricevere due righe via email in cui si specificava che nel libretto avrei dovuto menzionare il museo nei crediti della copertina. Invece mi chiesero 300 euro di diritti di riproduzione.

Ovviamente lasciai perdere, non solo perché si tratta di 500 copie di un libro che costava due euro ma sopratutto perché trovai scandaloso che anche su quel quadro-simbolo si andasse a speculare, mercificando un'icona del movimento operaio ormai *de facto* di dominio pubblico...

La cultura si può aiutare in molti modi, il peggiore è criminalizzarne i fruitori squattrinati.

### XIII[24]

Non ho mai sentito un giornalista interessarsi di diritti d'autore! In teoria, dovrebbero essere pagati quando un giornale riprende un articolo di un altro giornale, ma non lo fanno mai. Le foto di solito però si acquistano dalle agenzie, che si fanno pagare e poi si arrangiano magari anche con la Siae.

### XIV

**Formazione in area riservata?**

---

[24] Pino Nicotri giornalista dell'"Espresso".

In questo sito universitario wbt.it[25] gli autori, che prendono molto seriamente la questione del diritto d'autore, considerato *qua talis*, credono sia assai poco praticabile in rete, specie là dove si fa *e-learning*.

Rifacendosi all'esperienza americana, essi propongono di non chiedere affatto l'autorizzazione a usare materiali protetti quando in gioco è la formazione didattica; tuttavia propongono di gestire tale formazione in area riservata, offrendo i materiali solo agli iscritti, i quali ovviamente ne potranno fare soltanto uso personale.

La necessità dell'area riservata la ritengono inevitabile in quanto l'art. 70 della Legge 633 non garantisce a sufficienza i docenti da una "ritorsione" Siae nel caso in cui la formazione sia pubblica.

La Commissione Cultura della Camera ha già presentato una proposta di legge, nell'ottobre 2006, per scongiurare un'interpretazione della legge che vedeva la copia per uso personale di un programma da punirsi con la stessa durezza riservata a chi copia programmi a fine di lucro, per rivenderli clandestinamente e guadagnarci.

Ora però la questione s'è generalizzata alla possibilità stessa di fare formazione gratuita e pubblica con materiali protetti. È quanto meno anticostituzionale impedire a un docente di usare liberamente per fini didattico-culturali, senza scopo di lucro, opere artistiche degli ultimi 70 anni.

## XV

### Agli artisti tutelati dalla Siae

La prima domanda è questa: visto che la Siae non m'avrebbe fatto pagare i diritti d'autore se avessi messo i miei ipertesti in area privata, e visto che in un'area del genere avrei potuto far pagare l'utente per poterli visionare, utilizzare o scaricare, ha senso secondo voi che io debba pagare dei diritti per aver messo in chiaro, senza alcun fine di lucro, dei materiali protetti?

Premetto anzitutto che alcuni materiali (quelli di Kandinsky) sono in rete da un decennio (lo stesso periodo del sito Siae) e nessuno finora mi aveva mai detto nulla.

La Siae non ha mai emesso alcun comunicato stampa in cui dicesse che in rete e per le immagini jpeg si sarebbe comportata come nella vita reale.

---

[25] wbt.it/index.php?risorsa=diritti_autore

Detto altrimenti: è giusto che vi sia più differenza tra area privata e area pubblica che tra sito commerciale e sito culturale? La Siae infatti nel suo tariffario non fa differenza, se non negli importi dovuti, tra siti con o senza fini di lucro.

In area pubblica l'unica possibilità per non pagare royalties sarebbe stata quella di utilizzare il tag iframe, permettendo comunque alla Siae di leggere bene i sorgenti html. Oppure quella di iscriversi all'albo dei giornalisti, nel qual caso avrei potuto beneficiare del diritto di cronaca.

Non avete l'impressione che la Siae stia usando il diritto d'autore come arma contro il diritto alla cultura libera, gratuita e pubblica?

Se pensiamo che in un'area privata si potrebbe anche fare formazione a pagamento, che senso ha non chiedere royalties per un'attività del genere e chiederle per un'attività analoga offerta a titolo gratuito?

La Siae in sostanza fa questo ragionamento: in area privata il docente è *docente*, in area pubblica è *editore*. In area privata può utilizzare liberamente ciò che è protetto, tanto non verrà mai messo in chiaro da chi ne fruisce; in area pubblica, anche se edita a titolo gratuito le stesse cose che farebbe pagare in area privata, è soggetto a *royalties*, poiché qui chiunque può scaricare i materiali e metterli nel proprio sito.

E considerando che i diritti durano 70 anni, praticamente il web culturale si trova ad analizzare liberamente solo l'arte di 70 anni fa, quando - lo sanno bene gli artisti - è per loro fondamentale che un'opera d'ingegno venga utilizzata per fini didattici, culturali e scientifici.

È d'altra parte impossibile capire come si possa fare un ipertesto artistico su un dipinto utilizzandone solo una porzione. Un qualunque utilizzo non profit non dovrebbe fare alcuna differenza, per quanto riguarda un dipinto o una scultura, tra una parte e la sua interezza.

Non è da escludere che la legge sul diritto d'autore debba essere cambiata proprio in relazione al formato digitale, così povero di contenuto, come la jpeg. Infatti non ha alcun senso tecnico sostenere che una jpeg è "copia fedele" di un originale, che in questo caso è addirittura un dipinto!

Un formato così povero di contenuto digitale come può costituire una riproduzione oggetto di compenso? Quale editore cartaceo utilizzerebbe mai un ipertesto, con le sue immagini jpeg, per farne un testo?

Una jpeg non è una fotografia, ammesso e non concesso che anche una foto possa considerarsi copia fedele di un dipinto (secondo me copia di un dipinto è solo un altro dipinto, e se è copia è un falso e se è un falso la violazione è non solo civile ma penale).

# Le proposte

**Per la gestione del sito homolaicus**

1) **Diritti d'autore** - Di seguito specificati come di TIPO A e di TIPO B.

TIPO A - L'aspetto grafico di questo sito, i contenuti di produzione autonoma nonché le modalità di organizzazione e presentazione di essi appartengono a Enrico Galavotti, responsabile e amministratore unico di Homolaicus.

Essi sono assoggettati alla licenza Creative Commons. Leggi il testo completo della licenza prima di procedere all'utilizzazione dei suddetti materiali.

Salvo nei casi in cui sia diversamente specificato, i contenuti di questo sito sono rilasciati sotto Licenza Creative Commons.

TIPO B - La proprietà intellettuale e patrimoniale dei materiali di terze parti già pubblicati (in corso di pubblicazione o di futura pubblicazione) su Homolaicus è dei rispettivi autori (quando questi sono chiaramente indicati nel loro nome e cognome). Sono compresi fra essi: tutti i testi, articoli, ipertesti, immagini, grafici, video, files musicali, registrazioni audio, presentazioni realizzate con qualunque editor testuale e/o grafico, programmi, applets java, javascript, applicazioni in flash, codici di richiamo di servizi esclusivi, nonché queries ai motori di ricerca (materiali), presenti fisicamente su Homolaicus.

L'amministrazione non si assume pertanto nessuna responsabilità in merito a qualsiasi tipo di utilizzo che possa essere fatto da terzi estranei e su server esterni a Homolaicus.

2) **Responsabilità e Limiti** - Le opinioni e/o i commenti di terze parti, pubblicati su Homolaicus possono anche non coincidere con quelli della redazione.

I pareri e le indicazioni fornite sono da considerarsi non vincolanti e non aventi valore legale o professionale. Per tale motivo la redazione non si assume alcuna responsabilità per gli eventuali danni che possano essere causati all'aver accettato come affidabili le informazioni pubblicate su questo sito.

Homolaicus non è responsabile dei contenuti presenti nei siti che, direttamente e/o indirettamente, vi fanno riferimento attraverso directories personali e/o collettive, motori di ricerca, elenchi. Non è altresì responsabile dei contenuti dei siti i cui links sono presenti nelle sue directories.

I dati personali degli utenti vengono trattati secondo modalità e criteri garanti della privacy e non verranno ceduti a terzi.

Homolaicus non invia newsletters e/o materiali (pubblicità, allegati, virus, dialers, script e/o materiali eseguibili) non richiesti. Ogni utilizzo improprio del nome di dominio o della denominazione "Homolaicus" è da ritenersi abusivo e come tale legalmente perseguibile.

**Per modificare la Legge n. 633/1941**

Art. 87
[omissis]
Le immagini a bassa risoluzione utilizzate in prodotti digitali non vanno equiparate alle fotografie, essendo troppo esiguo il loro contenuto informativo.

Art. 70bis
È sempre lecito un uso didattico o culturale, formativo o informativo, parziale o integrale di opere tutelate dal diritto d'autore, alle seguenti condizioni: che l'opera non venga alterata o modificata in modo da pregiudicare la paternità del suo autore; che pur in presenza di alterazioni o modificazioni si possa sempre e comunque risalire all'originale integro; che lo scopo dell'utilizzo sia manifestamente privo di alcun fine di lucro; che venga sempre citato il legittimo proprietario dell'opera in oggetto; che venga riportato, quando necessario, il nome della sede in cui l'opera è collocata, onde poterla identificare in maniera certa.

È fatto obbligo all'utilizzatore di tali opere indicare che la licenza in cui intende distribuirle o farle pubblicamente fruire è del tipo copyleft: "Proprietà Comune Creativa".

Tale licenza ha effetti legali in tutti i paesi che la riconoscono.
Art. 70ter
Con l'espressione "assenza di fine di lucro" s'intende che la fruizione integrale dell'opera deve restare assolutamente gratuita e non può essere in alcun modo vincolata all'utilizzo di qualsiasi forma di pubblicità.

Questo sito è pubblicato sotto una Licenza Creative Commons.

**Richieste da rivolgere alla Siae**

La legge n. 633/1941 va migliorata, precisata, in riferimento alle esigenze specifiche del web.

1. Bisogna evidenziare che l'utilizzo non commerciale di opere protette non può di per sé costituire una violazione del diritto morale dell'artista e dei diritti patrimoniali dei suoi eredi.
La Siae potrebbe anche far controllare agli eredi le nostre pubblicazioni e farci sapere se incappano in qualche violazione. Noi stessi potremmo essere interessati a un rapporto diretto con la Siae. Se però le nostre pubblicazioni gratuite sono in regola, dobbiamo pretendere una liberatoria gratuita della Siae, in grado di tutelarci nei confronti di chiunque voglia rivendicare qualcosa. È da escludere a priori che noi si debba pagare dei diritti per un lavoro senza alcun fine di lucro, anzi vantaggioso economicamente sia all'artista che ai suoi eredi.
2. In secondo luogo occorre specificare a chiare lettere che il formato jpeg non è in grado di riprodurre alcunché: è un formato troppo povero di informazioni per poter essere usato nell'editoria cartacea o filmica. Nessuno farebbe mai un testo prendendo un ipertesto così com'è. Le immagini andrebbero rifatte completamente e da un fotografo professionista.
3. In terzo luogo bisogna sostenere il principio che come i giornalisti hanno per il diritto di cronaca facoltà di usare gratis immagini protette, così i docenti, gli operatori culturali vogliono avere la stessa facoltà per il diritto di citazione (didattica, culturale) senza scopo di lucro.
4. Inoltre questa facoltà deve poter essere esercitata in pubblico, in chiaro, in area fruibile liberamente da tutti, senza alcun limite di accesso. La cultura, la formazione, l'informazione non possono essere messe sotto chiave.
5. In quinto luogo occorre che la Siae ci dia almeno un anno di tempo per metterci in regola e verificare se possiamo aver violato il cosiddetto "diritto d'autore", ovvero deve darci una moratoria sufficiente per permettere a ogni docente di segnalare alla stessa Siae le proprie pubblicazioni, in cui ha usato opere di artisti protette, per richiederne una specifica liberatoria d'uso.

# Perché il copyright non ha più senso?

Il copyright oggi è la principale catena che impedisce la diffusione della cultura. È la prima fonte economica degli editori, dei loro rappresentanti commerciali, degli enti che li tutelano (come p. es. la Siae) e degli avvocati che rivendicano i loro diritti nei tribunali.

Quanto agli autori (artisti, letterati, inventori, ecc.), solo i più significativi ricevono qualcosa da parte degli enti presso cui sono iscritti, versando una quota annuale: nessun ente ha forze sufficienti per controllare le violazioni del copyright nei confronti di tutti gli iscritti (la sola Siae ne ha oltre 80.000). Un autore dovrebbe accorgersi da solo che qualcuno sta utilizzando, abusivamente, la sua opera d'ingegno, e procedere quindi per le vie legali, ma, così facendo - e lo può fare - dimostrerebbe di non avere alcun bisogno d'essere iscritto a un ente specifico.

La catena del copyright ha cominciato a essere spezzata da quando sono nati i supporti elettrico-meccanici per la riproduzione delle opere: fotocopiatori e registratori, sino a quelli più propriamente informatici e telematici, come gli scanner e le reti digitali. Prima di questi supporti - che hanno reso possibile una grande diffusione di testi cartacei, brani musicali, film e software, senza pagarne i diritti d'autore - si poteva copiare abusivamente qualcosa solo se si aveva una certa abilità artistica: sono sempre esistiti i falsari e i plagiatori, cioè coloro che utilizzano l'ingegno altrui senza riconoscerne la paternità. La storia è piena di abili falsari e di approfittatori senza scrupoli, soprattutto là dove da una certa opera d'ingegno si possono ricavare profitti economici, e anche di utilizzatori che, in buona fede o per un fine non strettamente economico, si sono avvalsi di opere altrui senza citare la fonte (basta vedere cos'hanno fatto i due evangelisti, Luca e Matteo, nei confronti di Marco).

D'altra parte tutti sanno che avere talento è una cosa, essere dei geni un'altra. Se non vivessimo in società così fortemente antagonistiche, si ammetterebbero più facilmente i propri limiti e si riconoscerebbero altrettanto facilmente i meriti altrui. Anzi, forse ci si vanterebbe d'essere seguaci di questo o quel genio, diffondendone il pensiero il più possibile, nella convinzione di fare il bene dell'umanità. In questa maniera ci potrebbe essere, al massimo, una gara nella libera diffusione delle opere d'ingegno: non basta infatti avere delle qualità per essere apprezzati, ci vuole anche una certa organizzazione per farle conoscere al grande pubblico, e questa non può essere delegata a enti monopolistici, che sicuramente non fanno gli interessi della democrazia.

Viceversa, nella nostra era digitale, grazie alla quale - per merito di qualche genio dell'informatica - è possibile riprodurre facilmente testi, musiche, film e software, chi detiene il monopolio della tutela del copyright fa di tutto per impedire la diffusione di questi strumenti. E la motivazione (ovviamente formale, poiché quella reale evitano di dirla) è sempre la stessa: gli autori e i loro legittimi eredi vanno difesi. Dalla morte degli autori devono passare settant'anni prima che si possano utilizzare liberamente le loro opere. Quindi praticamente, nel corso di questo periodo, soltanto chi può permetterselo potrebbe beneficiare della cultura sottesa alle loro opere, ovvero soltanto chi sottostà al monopolio dell'ente che si è incaricato di distribuirle materialmente. La distribuzione ha un costo e l'utente finale deve pagarlo.

Il problema è che questi enti impediscono agli acquirenti dei diritti patrimoniali (che sono i diritti di accedere a un'opera d'ingegno), di poterli *ridistribuire*. Secondo l'ideologia affaristica di questi enti, la cultura non può essere ridistribuita (tanto meno gratuitamente), in quanto può essere soltanto *pagata*. Quindi deve restare patrimonio di una certa categoria di persone. È una *cultura di classe*.[26]

Questi enti infatti sono *privati*, tutelati dallo Stato nelle loro esigenze affaristiche. La cultura non viene diffusa dallo Stato e non può essere neppure diffusa gratuitamente dai cittadini. Per esempio, nelle scuole la cultura viene sì diffusa dai docenti pagati dallo Stato, ma i materiali che usano per trasmetterla sono gestiti da editori privati, disposti a chiudere un occhio sull'uso di scanner e fotocopiatori solo a condizione che tutti gli studenti acquistino i loro libri di testo, nonché i diari e altro materiale didattico. Oggi sembrano essere anche disponibili a vendere l'equivalente digitale del manuale cartaceo, ma solo perché, di fronte al boom dell'infotelematica, non sanno ancora bene come reagire, non capendo come poter realizzare gli stessi profitti del cartaceo usando le nuove tecnologie. Da un lato infatti sono consapevoli che in rete è molto facile la distribuzione abusiva di materiali protetti dal diritto d'autore; dall'altro si rendono conto che se non fanno investimenti, attrezzandosi adeguatamente in campo infotelematico, rischiano di dover chiudere.

Oggi la differenza tra un libro di testo e un altro non sta più nel CD accluso, quanto nella possibilità di ottenere gli stessi contenuti in maniera del tutto separata, cioè in maniera tale che l'acquisto della versione digitale non sia vincolato all'acquisto della versione cartacea. Per realizzare una cosa del genere, in maniera tale che l'opera digitale acquistata

---

[26] Quanto questi enti detestino le biblioteche e i centri di documentazione che, previo l'acquisto di una tessera gratuita, permettono la libera fruizione di opere tutelate dal diritto d'autore, è cosa nota.

non sia liberamente ridistribuita, occorrono procedure complesse, non tanto per l'utente finale, quanto piuttosto per l'editore.

I monopolisti della cultura ancora non si rendono bene conto che la cultura è destinata a *smaterializzarsi* completamente. Se un'intera nazione fosse cablata da potenti fibre ottiche, persino la scuola intesa come "edificio murario" non avrebbe più alcun senso. Quanti italiani analfabeti presero la licenza elementare guardando "Non è mai troppo tardi" alla televisione? Un milione e mezzo! Oggi, utilizzando un computer collegato a una rete telematica, è possibile acquisire qualunque tipo di conoscenza. Ormai la vera differenza fra un ente gestore di cultura e un altro sta unicamente nella capacità di *interagire* con l'utente finale. La scuola, intesa come "edificio murario", dovrebbe essere trasformata in un qualcosa da utilizzarsi per tutto ciò che in rete non è possibile fare, almeno non nella stessa maniera (p. es. un'attività di tipo ginnico, artistico, ricreativo o socializzante).

\*

Esiste nel sito red-bean.com un documento molto importante, intitolato *Storia del copyright* (2004), tradotto in italiano dal sito comedonchisciotte.org.[27] Vi si spiega l'origine storica del diritto d'autore, che merita d'essere qui sintetizzata, per farsi un quadro sufficientemente esatto dei termini del problema.

In particolare il testo vuole dimostrare la tesi secondo cui il copyright non serve tanto per tutelare scrittori e artisti, quanto piuttosto i *distributori* delle loro opere. Questo perché gli autori non hanno mai giudicato il copyright un fattore importante per consentire la fioritura della creatività, la quale si basa su fonti di finanziamento molto diverse. Generalmente anzi gli autori non vedono la copia come un furto, ma con *compiacimento*, posto ovviamente che a tutti sia noto chi sia l'autore dell'opera originaria. Ancora oggi, per la grande maggioranza degli artisti, il copyright non porta alcun beneficio economico.

La storia del copyright comincia in Inghilterra con la nascita, nel 1556, dell'Ordine degli Stationers (editori, tipografi e librai, che a quel tempo sostanzialmente coincidevano): una casta professionale cui la corona inglese (i cattolici Filippo II e Maria I Tudor), temendo la diffusione di idee protestanti o sovversive, aveva deciso di affidare, in via esclusiva, il controllo di ciò che si stampava, cioè appunto il "diritto di copia" (copyright), e quindi il monopolio delle relative tecnologie, che a quel tem-

---

[27] Anche nel sito wumingfoundation.com si può trovare un interessante testo su copyright e copyleft (2005).

po avevano preso a diffondersi velocemente.

Il copyright quindi era nato come sottoprodotto della privatizzazione della censura governativa: lo Stato aveva affidato a dei privati un privilegio assoluto, destinato a trasformarsi in un colossale business. Fino ad allora l'unica preoccupazione che gli artisti o gli autori avevano avuto era stata quella di far circolare al massimo le loro opere, proprio per intercettare gli interessi di quanti più committenti possibili.

Di regola la gente stampava, se ne aveva le possibilità, le opere che reputava importanti. E quando qualcosa veniva proibita, era piuttosto per ragioni etiche o politiche, non perché si aveva una concezione del copyright come di una proprietà legale che potesse essere posseduta privatamente. Per chiunque sarebbe stato un controsenso limitare la diffusione di un'idea utile, innovativa. Semmai il problema era opposto: come divulgarla in una società dove i lettori erano ancora molto pochi.

All'Ordine degli Stationers (Corporazione dei Librai di Londra) venne offerto, in qualità di polizia privata del governo, il diritto esclusivo su tutte le pubblicazioni realizzate nel Regno, sia per le vecchie opere che, e soprattutto, per le nuove; un diritto che non si esercitava soltanto solo nella stampa tipografica vera e propria, ma anche nella confisca di ciò che non era stato preventivamente autorizzato. Ogni pubblicazione, per essere stampata (o, se già lo era stata, semplicemente diffusa), doveva sottostare al controllo del censore governativo o degli stessi Stationers, i quali, così, non solo non dovevano combattere, sul piano economico, alcuna concorrenza, ma diventavano anche i legittimi proprietari delle opere che commerciavano. Infatti le nuove pubblicazioni venivano inserite nel registro della Corporazione non sotto il nome dell'autore, ma sotto quello di un membro della stessa Corporazione, al punto che questa medesima persona, socia della Compagnia, poteva rivendicare il copyright su una determinata opera, anche nei confronti degli altri soci!

Successivamente, verso la fine del XVII secolo, cioè a rivoluzione compiuta, il governo in carica mutò atteggiamento nei confronti della censura preventiva e parve essere intenzionato a eliminare il monopolio degli Stationers. I quali ovviamente reagirono. Questa volta però la motivazione voleva apparire a tutto vantaggio degli autori. Venne detto infatti che il copyright apparteneva all'autore e che questi, non possedendo macchine tipografiche, lo avrebbe ceduto agli Stationers solo il tempo necessario per la pubblicazione e diffusione della sua opera. In cambio l'autore sarebbe stato tutelato dalla "pirateria", cioè dai tentativi di copiare abusivamente o contraffare la sua opera. E ovviamente egli otteneva una percentuale sulla vendita della stessa.

Dopo ampia discussione in Parlamento, fu approvato nel 1710 lo

"Statute of Anne"[28] il quale non veniva affatto incontro alle esigenze degli autori, che, in quell'occasione, neanche fecero sentire la loro parola, ma, ancora una volta, alle esigenze degli editori, molti dei quali, con la fine del monopolio, avrebbero rischiato di finire sul lastrico.

Lo "Statuto" della regina Anna d'Inghilterra, Scozia e Irlanda (rimasto in vigore fino al "Copyright Act" del 1842) può essere considerato il capostipite di tutte le leggi e gli accordi internazionali sul diritto d'autore, fino ai più recenti: la "Convenzione di Berna" del 1971[29], il "Digital Millennium Copyright Act" del 1998[30] e il cosiddetto "Decreto Urbani" del governo Berlusconi (2004)[31]. A partire dallo "Statuto di Anna", in assenza di censura preventiva, i profitti degli editori salirono di nuovo alle stelle.

\*

Tutto ciò, come già detto in premessa, cominciò a subire una battuta d'arresto con la nascita della fotocopiatrice e del registratore (audio e video) e soprattutto col masterizzatore e il peer-to-peer. La copia e la distribuzione di qualunque opera cartacea, sonora o visiva o informatica (come il software) era diventata possibile, virtualmente, a tutti. Gli autori dei libri oggi possono addirittura produrli soltanto in formato digitale, inviarli a una tipografia per ottenerli in formato cartaceo e metterli in vendita autonomamente, previo acquisto di un numero ISBN, in tutti i mercati digitali del mondo.

Internet ha prodotto una rivoluzione paragonabile a quella della stampa quando tutto si scriveva o si disegnava a mano. Con una differenza, che le copie di un libro dovevano essere fisicamente trasportate dalla tipografia ai lettori e il costo era a carico degli editori. Oggi invece i testi possono essere trasmessi via cavo subito dopo essere stati prodotti, a costi del tutto irrisori e con la possibilità, per l'utente finale, di stampare il testo a proprie spese e con la qualità che può permettersi. Il testo, se ha un prezzo, può essere acquistato sia in formato digitale che cartaceo e, in questo secondo caso, viene venduto *on demand*, cioè solo su richiesta, per cui non vi sono rese destinate al macero.

Fermare il progresso tecnologico in nome di monopoli, privilegi o diritti acquisiti, è ridicolo. Non basterebbe neppure una dittatura politica. L'editoria, la Siae... stanno correndo ai ripari accentuando i controlli

---

[28] L'originale si trova qui: copyrighthistory.com/anne.html
[29] Qui nella versione italiana: interlex.it/testi/convberna.htm.
[30] Qui lo si può scaricare: copyright.gov/legislation/dmca.pdf.
[31] Qui lo si può leggere: interlex.it/copyright/urbani2.htm.

finalizzati a vietare la diffusione delle copie, ma senza successo: i siti-web aprono e chiudono con molta disinvoltura e sono capaci di difendersi, in quanto gestiti da persone competenti.

La Siae cerca anche di colpire legalmente chi utilizza senza scopo di lucro le opere protette dal copyright, ma, nel fare questo, oppone il diritto d'autore al diritto alla cultura, compiendo un abuso anticostituzionale. Colta dal panico, ha addirittura preteso o proposto di ottenere delle *royalties* dalla vendita di tutto ciò che, virtualmente, potrebbe permettere una copia abusiva di un'opera protetta. Agisce cioè secondo un principio, anche questo nettamente anticostituzionale, quale quello della presunzione di colpevolezza: chi acquista un CD vergine o un dominio vuoto è un truffatore potenziale.

È difficile far capire, a chi è abituato a vivere con la logica del profitto, pensando che la cultura sia un patrimonio soltanto di chi se la può permettere, che in realtà essa andrebbe lasciata *libera*, *pubblica* e *gratuita* per tutti, finanziata con le tasse di tutti i cittadini, esattamente come la scuola e la sanità. Se qualcosa va pagato, al massimo dovrebbe trattarsi di un rimborso delle spese, ovvero del riconoscimento di un guadagno da parte di chi sostiene spese vive di pubblicazione e diffusione di un'opera. Agli stessi autori si potrebbero riconoscere, in varie forme e modi, dei compensi attraverso la pubblicità, le donazioni, ecc. Quello che non si può tollerare è che un autore possa pensare di campare di rendita, grazie alle proprie opere, in nome del copyright e, peggio ancora, che tale copyright possa essere esteso ai suoi discendenti per 70 anni dalla sua morte. In ogni caso non si può permettere a dei privati di sfruttare l'ingegno di pochi intellettuali e di monopolizzare la diffusione delle loro idee.

\*

La cultura è un bene immateriale: la sua diffusione può dipendere soltanto dal gradimento di chi la fruisce, di chi riconosce all'autore un certo merito. Nessuno può avere il diritto di pensare che attraverso la produzione e diffusione della propria cultura, si possa campare di rendita. La cultura deve rispondere a un bisogno specifico: solo così può essere remunerata. Ma, una volta che lo è stata, la fruizione deve essere libera. Infatti, se un'opera d'arte venisse pagata con soldi pubblici, chi ne fruisce l'avrebbe in realtà già pagata con una parte delle sue tasse, o comunque l'avrebbe pagata con un contributo volontario anticipato per la sua realizzazione.

La cultura dovrebbe essere un fenomeno *libero*, *pubblico* e *gra-*

*tuito*. Libero perché non si può impedire a nessuno né di produrre cultura né di fruirne. E gratuito perché, dedotte le spese vive occorse per produrre una determinata opera d'arte, la stessa opera non può essere pagata ogni volta che se ne fruisce, a meno che ovviamente non vi siano altre spese documentate.

Delle tre suddette condizioni, la più importante però è la seconda, quella della *pubblicizzazione*, poiché è con questa che si garantisce la sopravvivenza di un autore. Posto infatti che nessuno dovrebbe avere il privilegio di campare di rendita producendo cultura, né quello di realizzare dei profitti privati su un bene immateriale, e meno ancora sfruttando l'ingegno altrui, è anche vero che un autore ha comunque diritto di esistere in quanto tale. Gli va cioè riconosciuto il merito d'aver prodotto qualcosa di culturale.

Produrre cultura, in sé, non è un merito. Lo diventa però se si finalizza la produzione di un'opera d'arte a un obiettivo specifico, di rilevanza pubblica. Cioè un qualunque collettivo (istituzione, comunità, ente, scuola ecc.) potrebbe chiedere a uno o più autori di produrre un'opera culturale per un determinato scopo, e pagarla con le tasse dei cittadini o con i contributi di coloro che fruiranno di quell'opera.

La cultura non può essere astratta, prodotta senza uno scopo preciso, totalmente indipendente da specifici bisogni collettivi; se un intellettuale può produrre, in teoria, ciò che vuole, non può però pretendere d'essere pagato. Meno che mai un intellettuale o un artista può pensare di fare della sua autonoma produzione di cultura un *mestiere*. Un intellettuale deve anzitutto svolgere un mestiere *sociale*, che abbia una finalità collettiva, un'utilità pubblica. La cultura va prodotta sulla base di un'esperienza in atto, come riflessione di ciò che si vive, altrimenti è solo un'astrazione individualistica, un gioco intellettualistico.

Un intellettuale o un artista dovrebbe anzitutto essere un formatore, un educatore, un istruttore, un addestratore, un insegnante ecc., cioè dovrebbe darsi una *finalità pedagogica rivolta a un collettivo,* o meglio, dovrebbe riconoscersi negli obiettivi vitali di una determinata comunità, dovrebbe cioè essere "organico" a qualcosa. Questa finalità deve avere una funzione istruttivo-educativa o può essere addirittura politica.

Un intellettuale o un artista, un produttore di cultura dovrebbe appartenere a un qualche collettivo. Se vi appartiene, dovrebbe essere questo stesso collettivo a incaricarsi di remunerare il suo prodotto culturale. Lo stesso intellettuale diventa il "prodotto culturale" di un determinato collettivo. Tra prodotto e produttore dovrebbe esserci una continua sollecitazione reciproca, una "corrispondenza d'amorosi sensi", in mancanza della quale non ha alcun senso lamentarsi del fatto che tutti vogliono essere scrittori e nessuno vuol fare il lettore.

Una qualunque opera culturale deve nascere da un bisogno e deve saper rispondere a questo bisogno. La cultura deve uscire da quel limbo di indeterminatezza costituito da intellettuali isolati, che non fanno capo ad alcuna associazione, totalmente privi di senso del collettivo, insofferenti a regole da rispettare.

Detto questo, è bene aggiungere un ulteriore tassello a queste considerazioni sul concetto di cultura e sulla figura dell'autore, altrimenti si rischia di cadere in ulteriori equivoci. Se vogliamo superare la tradizionale separazione tra lavoro manuale e intellettuale o quello tra teoria e pratica, non ha neppure senso che gli intellettuali formino un'associazione a se stante. L'obiettivo che infatti devono porsi è quello di appartenere a un collettivo di persone comuni, non quello di isolarsi da qualunque collettività, costituendone un'altra in maniera elitaria.

Una cultura resta astratta o aristocratica sia quando è individualistica sia quando il collettivo in cui si forma è autoreferenziale. La società non ha bisogno di autori geniali che producono opere eccezionali, ma ha bisogno di intellettuali che aiutino a capire come risolvere determinati problemi. Se poi vengono fuori "soluzioni geniali", questo va considerato un *surplus* occasionale.

Sotto questo aspetto bisogna dire che la nascita e soprattutto lo sviluppo impetuoso delle reti digitali mondiali sembra offrire la percezione di appartenere a una comunità internazionale, che legittima, in un certo senso, l'esistenza isolata dei singoli utenti. Internet illude l'autore isolato di far parte di un collettivo mondiale, nei cui confronti, solo perché paga una connessione telefonica, ha un atteggiamento puramente rivendicativo, di pretesa o, al massimo, collaborativo su aspetti marginali, che non servono a risolvere i suoi problemi personali, quelli del suo luogo di lavoro, della sua famiglia, delle sue relazioni sociali, del contesto in cui vive quotidianamente. Ogni cybernauta rivendica il libero utilizzo di qualunque forma di conoscenza. Ma non è così che si fa "cultura".

Infatti, se può essere vero - come dice Gennaro Francione, nel suo sito antiarte.it - che "l'autore è solo il portavoce di un messaggio d'arte universale, ch'egli esprime in nome dell'umanità; dal che deriva che non ha la proprietà intellettuale delle sue opere, ma il mero possesso (*detentio*) delle forme artistiche, senza che chicchessia possa vantare alcuna proprietà, né assoluta né relativa, sul prodotto"[32], è anche vero che non basta sostenere che la proprietà intellettuale è un furto per "fare cultura".

Il problema infatti non è tanto quello di come permettere a indi-

---

[32] L'articolo è intitolato *Sentenza anticopyright e cyberagonia del diritto d'autore*.

vidui isolati, con scarsa disponibilità di mezzi, di accedere gratuitamente a qualunque forma di conoscenza, ma quello di come fare che questi individui isolati diventino un *aggregato* che possa produrre cultura in proprio, senza limitarsi ad attingere a quella degli altri.

Lo sviluppo abnorme delle reti digitali sembra essere inversamente proporzionale all'incapacità di creare *reti reali*, con cui poter incidere sui meccanismi, sulle dinamiche della vita *sociale*, la quale anzitutto è di tipo *locale*. Internet sta giustificando un globalismo che, per molti versi, è nocivo alla autonomia che devono avere le dimensioni locali e regionali. E noi non possiamo pensare che queste dimensioni siano irrilevanti solo perché ci vantiamo, nel momento stesso in cui ci connettiamo, di avere a disposizione il mondo intero.

# Leggi e sentenze

*La legge fondamentale sul diritto d'autore* è la n. 633 del 22 aprile 1941.

Dopo il comma 1 dell'articolo 70 della legge n. 633 del 22 aprile 1941 è stato inserito il seguente:

"1-bis. È consentita la libera pubblicazione attraverso la rete Internet a titolo gratuito di immagini e musiche a bassa risoluzione o degradati, per uso didattico o enciclopedico e solo nel caso in cui tale utilizzo non sia a scopo di lucro. Con decreto del Ministro per i beni e le attività culturali, sentito il Ministro della Pubblica Istruzione e dell'Università e della Ricerca, previo parere delle Commissioni parlamentari competenti, sono definiti i limiti all'uso didattico o enciclopedico di cui al precedente periodo".

Legge 22 maggio 2004, n. 128

Decreto Legislativo 9 aprile 2003, n. 68

www.math.unipd.it/~derobbio/dd/Dgls68-2003.htm

Attuazione della direttiva 2001/29/CE sull'armonizzazione di taluni aspetti del diritto d'autore e dei diritti connessi nella società dell'informazione.

Legge 18 agosto 2000, n. 248

*La normativa italiana sul diritto d'autore*

www.math.unipd.it/~derobbio/dd/disegni.htm

Recepita la direttiva comunitaria 2001/84/CE: Arte, diritti d'autore a vita e 70 anni ad eredi

www.cittadinolex.kataweb.it

Legge 1 marzo 2002, n. 39: "Disposizioni per l'adempimento di obblighi derivanti dall'appartenenza dell'Italia alle Comunità europee - Legge comunitaria 2001"

Un nuovo regolamento per libri, opuscoli, periodici e molti altri tipi di materiale

Deposito legale dei documenti per uso pubblico

I trasgressori saranno punti con una multa da 154 a 1032 euro: Diritto d'autore anche sul web

Diritto d'autore: commercializzazione dei supporti e concorso con la ricettazione

Cassazione, SS.UU. penali, sentenza 20.12.2005 n. 47164

Valgono le regole del diritto d'autore: La home page come la copertina di un libro

Musei e beni culturali: autorizzazioni per fotografare opere d'arte ex legge Ronchey - legge 4 del 14.1.1993

ex Testo Unico Beni Ambientali - D.Lg.vo 29 ottobre 1999 n. 490

ora: Codice dei beni culturali e del paesaggio Decreto Legislativo 22 gennaio 2004, n. 42 (in vigore dal 1 maggio 2004)

Minimo il danno provocato da chi, per bisogno, vende illegalmente

Non punibili gli extracomunitari per i Cd contraffatti

Proposta di modifica alla legge n. 248/2000 dei senatori Semenzato e Pieroni

Direttiva IPRED2

# Appendici

**Il nuovo diritto d'autore in dieci mosse**[33]
[omissis]
Le nostre proposte:

**Maggiore potere contrattuale degli autori nei confronti degli editori/produttori**

Definizione, da parte della Siae e del Ministero dei beni culturali, di linee guida e trattamenti economici minimi da inserire, inderogabilmente, nei contratti tra autori ed editori e/o produttori, al fine di bilanciare il minor potere contrattuale degli autori nei confronti degli editori e/o produttori.

**Durata del Copyright**

Ormai è evidente che la durata del copyright è troppo estesa rispetto alle dinamiche del mercato del XXI secolo: una sua riduzione dunque è non solo auspicabile ma doverosa. Purtuttavia sussiste la consapevolezza che si tratta di un processo di riforma necessitante di un respiro sovranazionale, essendo la materia ormai regolata nei suoi principi fondanti da disposizioni che trascendono i singoli Stati. Occorre, dunque, farsi promotori di una linea di indirizzo volta a conseguire la riduzione dell'imposizione automatica del copyright (tutela passiva) a 14 anni per tutte le opere ad eccezione:
- delle opere che richiedono grossi investimenti (film, enciclopedie ecc.), a cui sarà permessa un'eventuale estensione gratuita a 28 anni (tutela attiva);
- delle opere strumentali soggette a frequente revisione come il software, (l'hardware), la documentazione tecnica, i manuali scolastici, i saggi ecc. a cui è consentita la tutela per un massimo di

---

[33] Il presente documento che s'intende quale base di discussione è sottoscritto in rappresentanza delle rispettive Associazioni, Gruppi, Network ecc. da: Alessandro Bottoni - Piratpartiet; Lorenzo De Tomasi Frontiere Digitali - Free Hardware Foundation; Arturo Di Corinto - docente Università Sapienza Cattedra di Comunicazione Mediata dal Computer; Athos Gualazzi - Associazione Partito Pirata; Valeria Noli - Associazione Net-Left; Marco Scialdone - Computerlaw; Roberto Tupone - Linux Club Italia. Fonte: punto-informatico.it

3 anni per ogni versione rilasciata, senza possibilità di ulteriori estensioni; i diritti sulla versione precedente decadono e l'opera diventa di pubblico dominio.

Allo scadere di tali termini, il rinnovo dei diritti d'autore avrà luogo esclusivamente dietro pagamento di una tassa fissa e non trascurabile, calcolata annualmente sulla base della stima dei costi di gestione. In ogni caso la durata dei diritti d'autore (tutela attiva + tutela passiva) non potrà superare i 50 anni. L'obiettivo è disincentivare la pratica diffusa di bloccare la diffusione di un prodotto tutelato da copyright, senza peraltro utilizzarlo a fini economici.

**Decadimento del copyright**

È necessario prevedere ipotesi di decadimento automatico dalla tutela autoriale, finanche nel più ristretto termine iniziale di cui al punto precedente, in caso di mancata effettiva fruizione dei diritti riconosciuti e di altre situazioni di abuso. Dovrebbe anche essere fatto obbligo agli autori di rendersi reperibili per la gestione del copyright, pena il decadimento del diritto (troppi libri non possono essere ristampati semplicemente perché l'autore non è rintracciabile).

- Adozione del *Public Domain Enhancement Act* proposto da Lawrence Lessig;
- il permesso di libera copia, diffusione ed esecuzione (non di modifica) per fini non commerciali delle opere non più reperibili da almeno 24 ore (ad esempio telegiornali e trasmissioni televisive ecc.), non più in commercio da almeno 24 ore (ad esempio quotidiani) o fuori catalogo da almeno 7 giorni (ad esempio riviste, libri, videocassette, dvd ecc.), anche se ancora protette da diritto d'autore, fatti salvi il riconoscimento della paternità dell'opera e gli altri diritti morali;
- il permesso di libera copia, diffusione, esecuzione e modifica, anche per fini commerciali, secondo i termini del pubblico dominio, delle opere non più in commercio o fuori catalogo da almeno un anno, anche se ancora protette da diritto d'autore, fatti salvi il riconoscimento della paternità dell'opera e gli altri diritti morali.

**Watermarking**

I sistemi di watermarking sono utilizzabili a fini di sorveglianza e spionaggio ai danni di persone innocenti e come tali andrebbero vietati.

**Peer-to-peer (p2p)**

Se è possibile trasmettere musica e film via radio e via tv semplicemente pagando una quota alla Siae, deve anche essere possibile diffondere questi stessi materiali su Internet e reti intranet, ad esempio via IPTV, IP Radio e soprattutto via sistemi P2P pagando una cifra equa alla Siae. L'idea delle Adsl dotate di "diritto di download incluso nel canone" è, di fatto, un'estensione del principio già esistente anche se, dati gli elevati costi nazionali delle Adsl, si preferirebbe un abbonamento a parte da riscuotere, alla stregua, ma non nell'importo, del canone televisivo, direttamente dalla Siae (questo per evitare episodi tipo Peppermint).

Naturalmente tale "canone" dovrebbe essere differenziato in base all'utilizzo a fini (prevalentemente) commerciali o (prevalentemente) no profit.

Tuttavia, va anche riconosciuto esplicitamente il diritto dell'utente di fare uso di una qualunque tecnologia e di non essere perseguitato o discriminato per questa sua scelta, visto che su una rete P2P si può condividere materiale NON coperto da copyright.

Non si può equiparare il file sharing al furto. Una chiara ed esplicita depenalizzazione del reato è assolutamente necessaria. Anche l'illecito amministrativo è poco sostenibile e poco gestibile al giorno d'oggi. Crediamo che sia tempo di parlare di semplici "multe" per il P2P nello stesso modo in cui si parla di multe per divieto di sosta. Ogni eccesso di repressione su questi temi serve solo ad esasperare la tensione tra clienti/cittadini e aziende/forze dell'ordine.

Una conseguenza ovvia di quanto appena detto a proposito del P2P è la necessità di prevedere dei contratti collettivi tra detentore/gestore dei diritti e associazioni/cooperative di consumatori. Un club di musicofili deve poter sottoscrivere un contratto adeguato alle sue esigenze con Siae o chi per essa. Una cooperativa di consumatori deve poter creare un suo circuito multimediale per i soci, esattamente come crea un suo ipermercato di prodotti fisici.

**Neutralità della Rete**

Stabilire che i provider non possono e non devono intervenire sull'uso che i cittadini fanno della rete.

I sistemi P2P potranno anche essere sospetti e antipatici ma il cliente paga l'abbonamento anche per poter usare questo tipo di tecnologia e non deve essere discriminato per questa sua scelta. Ogni possibilità di intervento che viene lasciata agli ISP sul traffico di rete diventa un modo per influenzare l'andamento del mercato e per minare alla base il meccanismo della libera concorrenza. Come tale va accuratamente evitato.

### Siae

Il ruolo di Siae e delle altre società di rappresentanza di autori, editori ed esecutori è sempre più cruciale per il mercato, ma la lentezza e incapacità di innovarsi e la fastidiosa parzialità, di cui sono spesso sospettati, sono un ostacolo al progresso. Occorre trasformare gli organismi dirigenti di questi enti in assemblee rappresentative degli interessi di tutti gli attori del mercato, compresi gli utenti/fruitori. Soprattutto, è necessaria un'iniezione di democrazia e di controllo governativo in questi enti per garantire il rispetto dei piccoli autori e dei consumatori. Intendiamo dimostrare di essere degli interlocutori competenti, responsabili e rappresentativi, capaci di creare un collegamento tra i fruitori, gli autori che sposano la causa della condivisione della conoscenza e un interlocutore istituzionale che è mancato per anni.

### Elenco pubblico online degli iscritti alla Siae e delle loro opere

Il primo passo da compiere è la pubblicazione online dell'elenco degli iscritti alla Siae e alle altre *collecting society* nel mondo, liberamente e gratuitamente consultabile, come avviene negli Stati Uniti. Attualmente, avere la certezza della non iscrizione di un autore alla Siae è l'unica garanzia per i fruitori di poter usufruire di un'opera rilasciata sotto licenze con alcuni diritti riservati, senza incorrere in problemi legali; ma soprattutto sarebbe una garanzia per gli autori, poiché, facilitando agli esecutori l'ardua ricerca dei titoli delle opere, dei cognomi degli autori e compositori attraverso uno strumento di semplice e immediata consultazione, ridurrebbe il rischio di non percepire le royalties a causa di un banale errore di compilazione del borderò. Infatti basta una trascrizione errata perché l'equo compenso non venga attribuito a chi ne ha diritto e finisca nel cosiddetto calderone degli irripartibili, di cui un terzo va a premiare le canzoni sempreverdi, con oltre vent'anni di vita, e nulla è destinato agli autori meno fortunati, ai giovani, allo sviluppo della creatività nel nostro paese. Questo aspetto sta a cuore anche all'Associazione autori compositori e piccoli editori (Acep) che, nell'articolo "Quali gli autori dei brani eseguiti?", in seguito alla sollecitazione di un lettore, dichiara di attendere da anni una banca dati dei brani tutelati, liberamente consultabile online: ci auguriamo che le procedure informatiche e legali, da adottare a tale riguardo, siano oramai in dirittura di arrivo e che presto sia attivo e disponibile questo ulteriore importante servizio. È assurdo che, attualmente, sia un privato (e non la Siae) a fornire uno degli archivi più forniti e attendibili: Hitparadeitalia.it.

**Modifica del regolamento e dello statuto Siae**

La Siae avrà mandato per riscuotere i proventi derivanti dalle utilizzazioni per scopi commerciali di opere rilasciate con licenze, con alcuni diritti riservati. Il singolo autore o l'editore avranno comunque, nonostante il mandato alla Siae, la facoltà di autorizzare l'utilizzo dell'opera per scopi non commerciali, anche attraverso licenze. Per le utilizzazioni non commerciali nessun provento sarà percepito dalla Siae in nome e per conto dei mandatari (vedi progetto pilota olandese).

**Gestione della terna autore/opera/licenza (registrazione opere)**

La diffusione di licenze "aperte" (Creative Commons e simili) subisce un sicuro rallentamento a causa del fatto che, per il consumatore, non esiste un modo semplice e attendibile di dimostrare che una certa opera è coperta da una di queste licenze. Il movimento CostoZero sta sviluppando un sistema *web-based* che permette di firmare digitalmente, registrare presso una terza parte, archiviare e pubblicare un'opera in formato digitale insieme alla sua licenza. In questo modo, l'utente finale può dimostrare alla Siae che l'opera in suo possesso è coperta da licenza "aperta" semplicemente consultando il database sul web e confrontando le firme digitali. È un sistema che dovrebbe essere preso in considerazione.

La tutela dei diritti d'autore tramite marca temporale e firma elettronica certificata è alla portata di tutti e il movimento CostoZero, a cui va riconosciuto il merito di aver diffuso questa pratica, fornice solo un'utile assistenza in merito. In rete esistono numerosi archivi di opere sotto licenze con alcuni diritti riservati o di pubblico dominio e ne continuano a sorgere ogni giorno. Avere la certezza di sapere con esattezza la licenza con cui un autore ha rilasciato la propria opera è fondamentale, così come sapere se gli autori di un'opera sono iscritti alla Siae o ad altre *collecting society*. Solo un archivio online statale centralizzato e obbligatorio potrebbe risolvere questo problema.

**Ampliamento e applicazione del concetto del fair use (utilizzo legittimo)**

Fermo restando il diritto dell'autore ad agire per il risarcimento del danno a fronte di un abusivo utilizzo commerciale dell'opera in danno dell'autore o dei suoi aventi causa, occorre affermare la depenalizzazione dell'attività di utilizzo personale delle opere dell'ingegno da parte dei singoli, quando tali utilizzazioni creano un danno economicamente trascurabile (vedi modello francese).

**Diritti di copia a uso personale**

Appare indispensabile affermare il principio in forza del quale chiunque possieda legittimamente un'opera originale o la copia o la rappresentazione di un'opera, su qualunque supporto essa sia, ha il diritto di farne copie illimitate su qualunque supporto e in qualsiasi formato e dimensione, per proprio uso strettamente personale (ad esempio per fini di archiviazione o conservazione). Qualsiasi tentativo di limitazione di questa libertà fondamentale, attraverso qualunque mezzo, va considerato illegale.

A mero titolo esemplificativo, una volta acquistata la copia originale di un cd, dovrebbe essere sempre tecnicamente possibile e lecito convertirne i brani sia in formato mp3 che su musicassetta per ascoltarli su un qualsiasi lettore. Lo stesso ragionamento vale per la conversione di un film da vhs a dvd, o in un file digitale, per rivederlo comunque tra anni sullo schermo del proprio computer.

**Diritto di prestito gratuito**

È sempre consentito il prestito gratuito di una o più copie di un'opera di cui si è in legittimo possesso.

**Diritto di noleggio a pagamento**

Agli esercizi commerciali autorizzati è sempre consentito il noleggio a pagamento di una o più copie di un'opera di cui sono in legittimo possesso, purché trascorsi 90 giorni dalla pubblicazione dell'edizione in oggetto e nel rispetto dei diritti morali e di utilizzazione economica dell'autore.

### Esecuzione in ambito familiare o amicale

Sarebbe opportuno esplicitare un concetto di "esecuzione in ambito familiare o amicale", e quindi non soggetta a Siae, ovverosia quell'esecuzione o rappresentazione cui assiste un numero limitato di spettatori, a titolo gratuito e dove l'ambiente è adeguatamente confinato (chiuso). Questo permetterebbe, tra l'altro, di vedere un film o di ascoltare musica durante feste e piccole manifestazioni semi-private, senza bisogno di altre autorizzazioni.

### Opere derivate

Le norme attuali proteggono non solo l'opera in sé ma anche qualsivoglia suo adattamento o "manipolazione". Sarebbe, al contrario, opportuno limitare strettamente la protezione delle opere alla loro forma originale e alle traduzioni linguistiche. Gli altri tipi di riutilizzo (abstract, sommari, parodie, rimaneggiamenti, riarrangiamenti musicali, etc.) dovrebbero essere esplicitamente liberalizzati. Questo promuoverebbe una azione globale di "digestione" e restituzione delle opere, senza peraltro intaccare il prodotto originale e il suo specifico mercato.

### Libertà per fini di divulgazione, educativi o enciclopedici

Vista la esplicita protezione che la nostra legislazione offre alle biblioteche, quali "archivi della conoscenza e della cultura nazionale", sarebbe opportuno prevedere specifiche ipotesi di utilizzazioni libere di opere protette, onde consentire alle biblioteche di funzionare correttamente. Del resto non è sostenibile che le poche centinaia di biblioteche italiane rappresentino una minaccia per il mercato multimediale, né può considerarsi la loro attività come antagonista rispetto all'uso commerciale.

Occorre consentire la libera utilizzazione di opere protette a fini educativi da parte delle scuole e delle università (anche sul web, nei corsi di e-learning, se l'accesso è consentito solo agli studenti). Ovviamente, conferenze, meeting e altre attività culturali pubbliche dovrebbero essere considerate "attività educative", almeno nei limiti in cui l'esecuzione avviene in un ambiente confinato, l'accesso non è a pagamento (cioè non c'è fine di lucro legato direttamente all'esecuzione) e c'è un relatore che commenta l'opera.

### Diritto di panorama

Andrebbe meglio esplicitato, nell'attuale impianto legislativo, che ciò che avviene in pubblico, come una festa di paese, o che è normalmente visibile al pubblico, come un palazzo, è di pubblico dominio e la sua immagine è sempre liberamente utilizzabile. Pretendere di imporre una qualunque forma di protezione (commerciale) su immagini che chiunque può raccogliere è semplicemente assurdo (vedi denuncia del Polo Museale Fiorentino ai danni di Wikipedia).

**Diritto di cronaca**

La legge attuale già prevede una forma accettabile di Diritto di Cronaca che permette, ad esempio, di citare articoli altrui a fini giornalistici. Non crediamo siano necessarie modifiche sostanziali su questo punto. Auspichiamo non vengano attuate modifiche peggiorative.

**Limitazione dei Digital rights/restrictions management (Drm) e Trusted computing**

I Drm e il Trusted computing rappresentano, per tutti noi fruitori, un insormontabile ostacolo tecnico nel far valere i nostri legittimi diritti di fair use. Basterebbe affermare il principio che è considerato illegale qualsiasi tentativo di limitazione, diretta o indiretta e attraverso qualunque mezzo, dei diritti di fair use, di rispetto bilaterale dei termini di una licenza e di fruizione delle opere che sono o che, scaduta la tutela autoriale, diverranno di pubblico dominio.

*

## Il fair use vale più del copyright[34]

La notizia non piacerà a RIAA, MPAA e a quanti da sempre si battono per il rigido rispetto delle più obsolete stringenti leggi sul copyright, ma sembra proprio che il Fair Use, l'eccezione al diritto d'autore che punta a consentire un "equo utilizzo" delle opere, valga per l'economia americana più di quanto non contribuiscano i profitti derivanti dalle tutele sui lavori dell'ingegno.

A sostenerlo è un report della Computer and Communications Industry Association (CCIA), organizzazione che conta al suo interno

---

[34] Alfonso Maruccia - 14 settembre 2007. Fonte: punto-informatico.it

membri del calibro di Yahoo!, Google e Microsoft.

Ed Black, presidente di CCIA, non usa mezzi termini, sostenendo che "molta della crescita economica senza precedenti degli ultimi 10 anni va pienamente attribuita alla dottrina dei fair use, poiché l'intera Internet dipende dalla possibilità di usare i contenuti in maniera limitata ma senza la necessità di autorizzazione preventiva".

Il "valore aggiunto" costituito dall'equo utilizzo vale il 70% in più di quanto economicamente prodotto dal carrozzone del copyright: quest'ultimo è "responsabile", secondo stime recenti, di 1,3 trilioni di dollari, mentre per lo studio il fair use surclassa questa cifra raggiungendo 2,2 trilioni. Le attività e le industrie che dipendono dal fair use costituiscono un sesto dell'intero prodotto interno lordo degli Stati Uniti ed hanno finora generato 11 milioni di posti di lavoro, sostiene CCIA.

Al contrario di quanto fin qui propagandato come verità di fede dalle associazioni dell'industria dei contenuti, sarebbe dunque la capacità di riutilizzo piuttosto che i rigidi vincoli alla fruizione, all'ascolto, alla rielaborazione e alla copia il vero motore del progresso economico. In questo contesto, il copyright perderebbe la propria centralità, il che costringerebbe governi e operatori di settore a rivalutare profondamente le attuali regolamentazioni in materia.

Le quattro eccezioni per cui il materiale protetto da copyright può ricadere sotto la disciplina del fair use negli States le elenca lo U.S. Copyright Office: la natura del riutilizzo, ovvero la sua natura commerciale o le motivazioni educative e non profit; la natura del lavoro protetto dal copyright; la porzione o la quantità del lavoro usata rispetto al suo totale (come ad esempio una clip video estratta da un lungometraggio); l'effetto dell'uso sul potenziale mercato del lavoro originario.

Eccezioni che per stessa ammissione dell'organizzazione governativa possono non essere sufficienti, in taluni casi, per stabilire in maniera inequivocabile la differenza tra fair use e valore del copyright. Lo scopo del rapporto, sostiene Ed Black, è ad ogni modo quello di sensibilizzare tutti sulla perdurante importanza dell'equo utilizzo rispetto al copyright in un settore, quello dell'industria e dei produttori di contenuti, in cui è sempre forte la spinta a difendere l'uno a discapito dell'altro.

Lo studio, dice Black, rende chiaro che "quando ci si focalizza soltanto su una parte nella modifica delle pratiche di utilizzo e non lo si riconosce, si ottiene un impatto collaterale sull'altra". "Il copyright è stato creato come un tool funzionale per promuovere la creatività, l'innovazione e l'attività economica", conclude il CEO di CCIA, e pertanto "esso dovrebbe venire valutato secondo gli standard, non certo partendo da presunti diritti morali o misure astratte di diritti di proprietà".

## Lettera aperta sulle leggi sul copyright[35]

*Per approfondire, vedi le voci / **Interrogazione parlamentare dell'onorevole Mancuso** e / **Lettera dell'onorevole Muscardini**.*

Siamo un gruppo di contributori volontari di Wikipedia in lingua italiana. Vogliamo portare all'attenzione sua e dei suoi colleghi la seguente lettera aperta, realizzata e sottoscritta da diversi membri della comunità.

Nel gennaio 2007, la Soprintendenza ai beni culturali di Firenze ha inviato a "Wikipedia, l'enciclopedia libera" una diffida a utilizzare qualsivoglia tipologia di fotografia scattata all'interno dei musei, o raffigurante opere i cui autori sono deceduti da ben più di settanta anni, se non previa autorizzazione dell'istituzione stessa; ciò sebbene le opere raffigurate nelle fotografie contestate fossero palesemente di pubblico dominio, perché non rientranti all'interno della specifica casistica prevista dalla legge 633 del 1941 (legge sulla protezione del diritto d'autore).

Come è noto, Wikipedia ha una natura fondamentalmente altruistica. La sua principale finalità è quella di donare al mondo la più estesa raccolta di informazioni che mai sia stata creata. Questa opera dà, potenzialmente, a nazioni e persone con pochi mezzi la possibilità di avere una fonte informativa affidabile e indipendente, a un prezzo decisamente ridotto (se non nullo).

Wikipedia, frutto del lavoro di decine di migliaia di volontari come noi, è aiutata, da una parte, dalle cosiddette licenze libere, e dall'altra, dalle previsioni della sopraccitata legislazione sul diritto d'autore e da quelle della Convenzione di Berna del 1886, che permettono il libero utilizzo delle opere coperte da diritto d'autore dopo 70 (per la legislazione italiana) o 50 (per la Convenzione di Berna) anni dalla morte dell'autore dell'opera stessa.

Purtroppo normative come l'articolo 107 della legge 6 luglio 2002, n. 137[36] si pongono decisamente in contrasto con il nostro lavoro,

---

[35] Fonte: Wikipedia
[36] Il testo dell'art. 107: *Uso strumentale e precario e riproduzione di beni culturali*: 1. Il Ministero, le Regioni e gli altri enti pubblici territoriali possono consentire la riproduzione nonché l'uso strumentale e precario dei beni culturali che abbiano in consegna, fatte salve le disposizioni di cui al comma 2 e quelle in materia di diritto d'autore.

perché ci impediscono di offrire a chiunque - e sostanzialmente a titolo gratuito - quanto di meglio abbia prodotto l'umanità, ossia l'arte italiana.

Il governo italiano e le sue estensioni operative, secondo tale normativa, possono infatti arrogarsi il diritto di controllare ciò che, secondo il comune buon senso (e, forse, secondo lo stesso *diritto naturale*), dovrebbe essere fruibile dall'umanità intera senza alcun limite: tutte le riproduzioni di opere d'arte (tra cui le nostre foto, che sono state in effetti cancellate). Paradossalmente, dunque, su Wikipedia potranno essere caricate solo opere italiane presenti in musei esteri, grazie alle legislazioni straniere che hanno margini ben più ampi della nostra.

La legislazione sul diritto d'autore, che riteniamo un istituto giuridico fondamentale, è stata ideata essenzialmente per tre motivi:
1. dare un riconoscimento alle creazioni dell'inventiva umana;
2. prevenire *appropriazioni indebite* da parte di terze persone nei confronti delle opere dell'ingegno;
3. permettere lo sfruttamento commerciale ed economico di tali opere.

Con l'avvento dell'era informatica, tuttavia, la legislazione sembra esser decisamente più attenta al secondo e terzo aspetto che non al primo. Piuttosto che favorire il riconoscimento all'autore attraverso una diffusione dell'opera più ampia possibile, sembra essere partita una strenua rincorsa atta a evitare il riutilizzo di tali opere per *qualsiasi* scopo, *qualsiasi* esso sia. Spesso giustificando tale atteggiamento con la necessità di difendere astrattamente il *diritto* e gli *interessi economici* che dallo stesso derivano.

Invece che un modo per sostenere la produzione e la diffusione di conoscenza e cultura (prima di tutto garantendo i mezzi di sussistenza agli autori), insomma, l'attuale legislazione è orientata a una loro sempre maggiore limitazione e demolizione: come si può definire altrimenti l'idea di disincentivare invece che favorire la lettura, così drammaticamente carente in Italia ma non solo, costringendo addirittura le biblioteche - principale mezzo per la sua diffusione - a remunerare i detentori dei diritti delle opere prestate, in proporzione ai prestiti o agli utenti?[37] Altrettanto scandaloso a nostro parere è il tentativo di stroncare quei siti d'infor-

---

[37] È di regola vietata la riproduzione di beni culturali che consista nel trarre calchi dagli originali di sculture e di opere a rilievo in genere, di qualunque materiale tali beni siano fatti. Sono ordinariamente consentiti, previa autorizzazione del soprintendente, i calchi da copie degli originali già esistenti, nonché quelli ottenuti con tecniche che escludano il contatto diretto con l'originale. Le modalità per la realizzazione dei calchi sono disciplinate con decreto ministeriale.

mazione non lucrativi e volontaristici che forniscono un servizio ai cittadini (e probabilmente agli stessi autori) riorganizzando e diffondendo la massa degli articoli di attualità, costringendoli a pagare un corrispettivo che ovviamente non si possono permettere.[38] Lascia altrettanto perplessi il comportamento di una società discografica che ha inviato delle lettere "intimidatorie" a utenti della Rete reperiti attraverso i loro indirizzi IP (in modo dubbio) e accusati di aver scaricato illegalmente materiale coperto da diritti, e perciò "invitati" a chiudere la questione pagando 330 €: un fatto che ha portato a una petizione su questi temi promossa da un'associazione di consumatori nazionale.[39]

Tale atteggiamento ha dunque portato allo snaturamento dello spirito originario di questo mezzo giuridico. Sempre più spesso, oggi, si ergono barriere tali da privare di un vero riconoscimento l'autore, spesso ridotto a un semplice nome su di un contratto. Emblematico è il caso degli autori musicali, un tempo famosi tanto quanto gli interpreti, e oggi praticamente sconosciuti ai più. Simile discorso può essere fatto per i ricercatori scientifici, le cui scoperte sono attribuite all'azienda o all'ente per cui lavorano.

Ma questa visione distorta finisce per inficiare anche il lavoro di tanti volontari, poiché l'estremizzazione di questo principio impedisce perfino l'inserimento di immagini che riproducono patrimoni artistici che idealmente non appartengono a privati o enti pubblici ma all'umanità intera.

Infine è da porre l'attenzione sulla totale inesistenza, nel nostro paese, della libertà di panorama (diritto già ampiamente riconosciuto all'estero). Limitazione che implica la materiale impossibilità per chiunque di pubblicare immagini relative al nostro patrimonio architettonico moderno, eliminando totalmente la storia italiana dell'architettura, della scultura e della costruzione in generale, dalla fine dell'800 fino ai giorni nostri. Vogliamo davvero che le enciclopedie in lingua estera possano far bella mostra delle immagini dei capolavori architettonici presenti nei loro paesi e che le enciclopedie italiane possano semplicemente dire "venite a visitare questa città: ha un'architettura meravigliosa"?! Non sarebbe auspicabile la possibilità per chi cerca di divulgare la cultura in maniera capillare, di poter fruire di tali immagini in modo libero? Così da poter mostrare al mondo di quali meraviglie è fatta la realtà che ci circonda?

Concludendo, i firmatari di questa lettera chiedono congiuntamente una riflessione seria sui problemi attinenti al copyright, alla prote-

---

[38] Si veda *Non pago di leggere. Campagna europea contro il prestito a pagamento in biblioteca*.

[39] Si veda la campagna di peacelink.org *No alla tassa sulle rassegne stampa*.

zione dei beni culturali e alla libertà di panorama; una riflessione che possa portare a un'evoluzione della legislazione attualmente esistente e che possa finalmente favorire la conoscenza e la cultura libera in Italia e nel mondo.

Cfr Decreto Legislativo recante il "Codice dei beni culturali e del paesaggio" ai sensi dell'articolo 10 della legge 6 luglio 2002, n. 137 - (Gazzetta Ufficiale 24 febbraio 2004, n. 45).

\*

Senato della Repubblica XV Legislatura
**Disegno di legge d'iniziativa del Senatore Bulgarelli**
**Norme in materia di diritto d'autore nell'utilizzo di tecnologie Internet**

Onorevoli colleghi, la presente proposta vuole sanare un vero e proprio vulnus dell'equilibrio relativo al principio tra reato, o presunto tale, e pena.

Nello specifico, in relazione al complesso tema del diritto d'autore, nel nostro Paese chiunque utilizzi la rete Internet per condividere, senza scopo di lucro ma per semplice uso personale, opere coperte dal diritto d'autore e dai diritti connessi senza averne titolo incorre in un reato penale avente come pena fino a quattro anni di carcere e fino 15.000 euro di sanzione economica.

È evidente la sproporzione tra l'atto materiale, condividere e scaricare una canzonetta o un film o un libro, e la sanzione. La norma deve valutare con attenzione il principio di realtà.

Si calcola che nel corso del 2005 siano stati più di otto milioni gli utenti che hanno condiviso opere senza averne titolo.

La presente norma invece tende a porre in essere un intervento immediato e urgente che restituisca alla norma il suo senso originario volto a sanzionare tali comportamenti per via amministrativa, nella speranza di una più organica iniziativa a livello nazionale e internazionale che ha portato a tale insostenibile situazione: la durata eccessiva del diritto d'autore, che ora supera i 70 anni, la facilità di accesso al sapere, la volontà di molti utenti di condividere esperienze e conoscenze, lo iato profondo tra logiche commerciali e diritto al sapere richiedono infatti interventi più radicali e approfonditi, che hanno come precondizione il superamento di questa inaccettabile situazione.

La presente proposta, inoltre, visto il carattere immateriale delle opere dell'ingegno, garantisce, in linea con l'ordinamento comunitario, il diritto alla copia privata e introduce la possibilità di utilizzare immagini a bassa risoluzione a titolo gratuito per scopi didattici, qualora non si configuri la fattispecie dello scopo di lucro.

L'introduzione di tale principio appare necessaria in considerazione della decisione della Siae di punire, con la richiesta di ingenti somme pecuniarie, quegli insegnati che, nell'ambito della loro professione, utilizzano sul web immagini digitali riproducenti opere coperte da diritto d'autore; un comportamento che induce forte preoccupazione in quanto penalizza l'operato di tutti quegli insegnanti autori di siti Internet e divulgatori di preziosi materiali didattici e culturali.

Il comportamento della Siae, in sostanza, appare limitare fortemente la funzione formativa della Scuola e la libertà didattica degli insegnanti; questo problema è stato affrontato nella legislazione statunitense ricorrendo al principio del "fair use", che permette di pubblicare materiali sotto copyright senza autorizzazione, purché vi siano fini e intenti educativi.

Il principio del fair use, infatti, rende i lavori protetti dal diritto d'autore disponibili al pubblico come materiale grezzo senza la necessità di autorizzazione, a condizione che tale libero utilizzo soddisfi le finalità della legge sul diritto d'autore, che la Costituzione degli Stati Uniti d'America definisce come promozione "del progresso della scienza e delle arti utili"; la dottrina tenta in questo modo di equilibrare gli interessi dei titolari di diritti individuali con i benefici sociali o culturali che derivano dalla creazione e dalla distribuzione dei lavori derivanti.

**Disegno di legge**

Art. 1
(sanzioni per lesione del diritto d'autore)
1. il comma a-bis) all'articolo 171 della legge n. 633 del 22 aprile 1941 è abrogato;
2. il comma 1 dell'articolo 171-bis della legge n. 633 del 22 aprile 1941 è sostituito dal seguente:
"1. Chiunque abusivamente duplica, a scopo di lucro, programmi per elaboratore o ai medesimi fini importa, distribuisce, vende, detiene a scopo commerciale o imprenditoriale o concede in locazione programmi contenuti in supporti non contrassegnati dalla Società italiana degli autori ed editori (Siae), è soggetto alla pena della reclusione da sei mesi a tre anni e della multa da euro 2500 a euro 15.000. La pena non è inferiore

nel minimo a due anni di reclusione e la multa a euro 15.000 se il fatto è di rilevante gravità.".

Art. 2
(diritto alla copia privata)
3. Chiunque possieda legittimamente un'opera ai sensi della legge n. 633 del 22 aprile 1941, su qualunque supporto essa sia, ha il diritto di farne copia per proprio uso strettamente personale;

4. il comma 4 dell'art. 71-sexies della Legge 22 aprile 1941 n. 633 è sostituito dal seguente

"4. Fatto salvo quanto disposto dal comma 3, i titolari dei diritti sono tenuti a consentire che, nonostante l'applicazione delle misure tecnologiche di cui all'articolo 102-quater, la persona fisica che abbia acquisito il possesso legittimo di esemplari dell'opera o del materiale protetto, ovvero vi abbia avuto accesso legittimo, possa effettuare una copia privata, anche digitale, per uso personale, a condizione che tale possibilità non sia in contrasto con lo sfruttamento normale dell'opera o degli altri materiali e non arrechi ingiustificato pregiudizio ai titolari dei diritti."

5. È aggiunto all'articolo 71-sexies della Legge 22 aprile 1941 n. 633 il seguente comma 4-bis

"4.bis Non può essere impedito per contratto, alla persona fisica di cui al comma 4, di effettuare la copia di cui allo stesso comma."

Art. 4
(uso didattico di immagini)
1. È aggiunto all'articolo 91 della Legge 22 aprile 1941 n. 633, al termine, il seguente periodo

"È consentita la pubblicazione attraverso rete Internet a titolo gratuito di immagini a bassa risoluzione unicamente per uso strettamente didattico e solo nel caso tale utilizzo non sia a scopo di lucro, fatto salvo il riconoscimento della paternità dell'opera."

Art. 5
(copertura)
1. Dall'attuazione della presente legge non devono derivare nuovi o maggiori oneri a carico della finanza pubblica.

\*

**Aboliamo la Siae**
**Ma il copyright può tutelare ancora il mercato?**[40]

---

[40] Articolo di Roberto Perotti pubblicato sul "Sole24ore" il 09/02/2007. IGIER - Università Bocconi lavoce.info - partito-pirata.it

Per la Corte di cassazione scaricare da Internet files protetti da copyright non è reato se non c'è scopo di lucro. Benché si riferisca in realtà a fatti coperti dalla normativa precedente alla legge Urbani, questa sentenza è un'utile occasione per discutere di proprietà intellettuale (copyright e brevetti) in un'economia moderna. Sulla carta, la legge Urbani (che peraltro non verrà mai applicata) è tra le più severe d'Europa. Ma ha ancora senso la proprietà intellettuale? Lo dico come provocazione personale. So per esempio che il direttore del "Sole24Ore", anche perché ha fatto l'editore, la pensa in maniera opposta. Ma parliamone... Partiamo dal caso più semplice, il copyright artistico, cioè la proibizione di copiare, rivendere o utilizzare in pubblico un cd o un dvd, che di fatto attribuisce al produttore un diritto di monopolio. L'argomento usuale della Siae e della sua controparte americana, la Riaa, è che questo monopolio permette agli autori di recuperare i costi fissi per produrre una canzone.

In sua assenza, molte opere d'arte non verrebbero prodotte, e il mondo sarebbe più povero culturalmente. Ma questo è falso.

Lo sostengono Michele Boldrin e David Levine (due economisti della Washington University di St. Louis) in un bellissimo libro disponibile su Internet, su cui gran parte di questo articolo è basato. Bach, Mozart e Beethoven scrissero la loro musica quando il copyright non esisteva e gli spartiti (i cd del XVIII secolo) venivano copiati liberamente. E certamente Picasso avrebbe dipinto Guernica anche senza royalties su ogni poster che riproduce il quadro.

Abolire il copyright non significa che un artista non possa vivere del proprio lavoro. Se un cd di Madonna potesse essere copiato e rivenduto liberamente, la prima copia costerebbe molto più del prezzo attuale, perché porta con sé il diritto di rivendere il contenuto a qualsiasi prezzo il mercato accetti. Le copie successive scenderebbero progressivamente di prezzo, esattamente come oggi molti spendono 10 euro per guardare un film il weekend dell'uscita mentre potrebbero vederlo a 3 euro dopo due mesi al cineforum.

I profitti degli autori sarebbero in ogni caso sufficienti per coprire i costi iniziali e offrire una remunerazione aggiuntiva; verrebbero però grandemente ridotte le enormi remunerazioni dei cantanti e attori di punta. Si dice spesso che questi guadagni sono determinati dal gradimento del pubblico, e quindi dal mercato. Vero, ma sta a noi decidere se vogliamo che il mercato sia monopolistico o concorrenziale. Per chi crede nel mercato, ma non riesce a riconciliarsi con l'idea che un'artista possa guadagnare milioni per cantare mentre si fa crocifiggere su una struttura di vetro pensando di fare chi sa quale operazione culturale, oppure per fare monologhi più o meno incoerenti alla televisione, la soluzione non è la censura (che non funziona mai), ma l'abolizione del copyright.

Né il mondo sarebbe culturalmente più povero senza copyright, anzi. Scomparirebbero le case discografiche, che oggi si accaparrano enormi rendite e di fatto consentono l'accesso a pochi artisti. Molti più di questi ultimi avrebbero quindi accesso al mercato, non essendovi più bisogno della Siae che, di fatto, tiene alti i prezzi e i costi proteggendo il monopolio di quei pochi che vengono distribuiti. Dobbiamo però temere che gli artisti esteri diserteranno il mercato italiano perché non protetto dal copyright? No, perché il prezzo che potranno ottenere è sempre maggiore di zero.

Lo stesso discorso vale per gli altri casi di copyright artistico, cioè per libri e film, e in genere per la proprietà intellettuale, inclusi quindi i brevetti scientifici. Quasi tutte le industrie nuove non avevano copyright nella fase iniziale e più innovativa. In decine di settori tra i più innovativi (moda, banche d'investimento, open source software) i costi fissi sono alti, eppure non ci sono brevetti.

Si dice spesso che il brevetto consente la ricerca in farmaci con alti costi di sviluppo e domanda limitata, e quindi beneficia tutto il mondo. Ma i costi fissi sopportati dall'industria farmaceutica sono più limitati di quanto si creda, e la domanda è elastica. Fino al 1978 in Italia i brevetti farmaceutici erano proibiti, eppure la nostra industria farmaceutica era composta di decine di aziende con una reputazione mondiale di innovazione; sappiamo tutti cosa è successo negli ultimi 30 anni.

Questi sono argomenti delicati, che richiedono un dibattito serio e rigoroso. Per ora potremmo accontentarci di un passo più modesto ma significativo. Se il ministro Bersani cerca già idee per la prossima lenzuolata, eccone una: ministro, abolisca la Siae.

\*

### My Free Copyright[41]

Spesso alla Siae viene contestato di essere l'unica "azienda di stato" a detenere il monopolio della registrazione di opere protette da copyright. Il copyright è un diritto intrinseco. Quando noi "inventiamo" qualcosa, (ad esempio produciamo una canzone), da quel momento noi gestiamo il copyright su quell'opera.

Noi, come autori, abbiamo quasi tutti i diritti su quell'opera: riproduzione, distribuzione, modifica, possiamo descriverne l'uso che è

---
[41] Fonte: geekplace.org

possibile farne. Per evitare abusi, si deposita la propria opera e da quel momento possiamo difenderci da eventuali abusi.

Oggi, a difesa di questo nostro diritto, e per fiancheggiare la Siae, che offre i suoi servizi sempre e solo a pagamento, possiamo decidere di usare *My Free Copyright* e depositare presso questo "ente" la nostra opera in modo gratuito, semplice e veloce.

Il problema principale del servizio *My Free Copyright* è che questo non è riconosciuto dalla legge come invece lo è la Siae. Lo stato italiano ha delegato a quest'ultima la gestione dei diritti d'autore dei cittadini. Ci sono decisamente molti svantaggi da tale decisione, ma purtroppo è così. Ci sono molte associazioni che ogni giorno combattono determinati "abusi di potere" da parte della Siae.

Dopo aver depositato la propria opera su *My Free Copyright* è possibile deciderne la licenza d'uso utilizzando ad esempio una licenza Creative Commons. Basta con i classici luoghi comuni "Tutti i diritti riservati", impariamo a diffondere la cultura, permettiamo agli altri di accedere alle nostre informazioni liberamente, diamo la possibilità di modificare la nostra opera e di svilupparla, solo così possiamo sperare di accedere un giorno liberamente alle informazioni prodotte da tutti gli altri e di poter attingere dalle loro ottimizzazioni sviluppi modifiche!

Un effetto analogo a quello che si ottiene con il deposito dell'opera inedita presso la Siae, può talvolta ottenersi con il deposito della stessa presso un Notaio o con l'invio a se stessi di un plico contenente il materiale da proteggere.

# Indice

Premessa....................................................................................................5
Le raccomandate......................................................................................7
No copyright sulla cultura......................................................................14
Le telefonate...........................................................................................16
    Prima telefonata: 17 gennaio 2007....................................................16
    Seconda telefonata: 18 gennaio 2007................................................17
    Terza telefonata: 19 gennaio 2007.....................................................18
Le obiezioni alle raccomandate della Siae.............................................19
Le interviste............................................................................................30
La petizione di Anitel..............................................................................35
Interrogazioni parlamentari....................................................................40
Considerazioni........................................................................................52
    Editori a titolo diverso.......................................................................52
    I diritti della cultura e i rovesci della Siae........................................52
    L'arte e l'arte di far soldi...................................................................53
    Foto sui siti italiani e diritti, la parola alla Siae................................55
    La Siae e l'arte di arrampicarsi sugli specchi..................................57
    Opponendo il diritto d'autore al diritto alla cultura la Siae viola la Costituzione?....................................................................................60
    Diritto d'autore contro diritto alla cultura?.......................................62
    Cultura e business in rete sono due cose diverse............................65
    Col formato jpeg si può distinguere una copia dall'originale?...........67
    A proposito del ruolo della Siae.......................................................70
    Adagp in sostegno della Siae..........................................................72
    La cultura gratuita è davvero finita?................................................72
    La Siae e i balzelli medievali...........................................................76
    Le tabelle della Siae.........................................................................77
    È giusto che il costo della pirateria informatica venga pagato dal web culturale?..........................................................................................79
    La figlia di Severini ha davvero a cuore gli interessi patrimoniali del padre?..............................................................................................80
    No profit vs copyright.......................................................................83
    Che cosa rende commerciale un sito?............................................83
    Per una cultura libera, gratuita e pubblica.......................................86
    Come rivedere la legge sul diritto d'autore in maniera favorevole allo sviluppo della cultura, della formazione e dell'informazione nel web nazionale?........................................................................................90
Mail private e commenti in rete..............................................................95

    Scritta a un giornalista di ItaliaOggi, Giovanni Scancarello...............96
    La Siae non fa differenza, se non negli importi dovuti, tra sito didattico e sito commerciale...............................................................98
    Formazione in area riservata?........................................................106
Le proposte.............................................................................................109
    Per la gestione del sito homolaicus................................................109
    Per modificare la Legge n. 633/1941.............................................110
    Richieste da rivolgere alla Siae.....................................................110
Perché il copyright non ha più senso?....................................................112
Leggi e sentenze......................................................................................121
Appendici................................................................................................123
    Il nuovo diritto d'autore in dieci mosse..........................................123
    Il fair use vale più del copyright....................................................130
    Lettera aperta sulle leggi sul copyright..........................................132
    Norme in materia di diritto d'autore nell'utilizzo di tecnologie Internet ............................................................................................................135
    Aboliamo la Siae............................................................................137
    My Free Copyright........................................................................139

www.ingramcontent.com/pod-product-compliance
Lightning Source LLC
Chambersburg PA
CBHW030651220526
45463CB00005B/1733